Nuestros niños no están a salvo.

Esto cambia ya.

Ana, de 8 años

Prevención del trauma y el maltrato infantil en base a datos

Dra. Katherine Ortega Courtney
y Dominic Cappello

Traducción: Cristina Baccin
Edición: Dr. Enrique Lamadrid

ISBN-13: 979-8651177943

Diseño de la portada: Bram Meehan

DEDICATORIA

En este libro, le contaremos la historia de Ana, de 8 años de edad y de Casandra, su madre angustiada. Ana es un caso ficticio que compusimos en base a nuestras experiencias trabajando con varios departamentos estatales dedicados al bienestar infantil. Los detalles han sido significativamente alterados para proteger su identidad real. En los Estados Unidos, cada año hay casi 2.000 casos de muertes prematuras como la de Ana. En la actualidad, se estima que uno de cada ocho niños -para cuando lleguen a los dieciocho años de edad- habrá sido maltratado. Ana representa esos niños cuyas vidas terminaron demasiado temprano por causas que podrían haber sido evitadas. Ana fue el catalizador que inspiró nuestro libro. Su historia fue literalmente el punto de inclinación para nosotros, el hecho que selló nuestro compromiso para producir este trabajo.

~

Dedicamos este libro a Ana y a todos los que trabajan incansablemente para prevenir el trauma y el maltrato que ella sufrió.

CONTENIDO

RECONOCIMIENTOS

En primer lugar, agradecemos a Peter Rice quien reelaboró nuestras frases y se aseguró que no evitáramos conceptos controvertidos al mismo tiempo que el libro tuviera un penetrante tono de bienvenida. También agradecemos a Xenia Becher, Yarrott Benz, Paula Brooks, Susan Burgess, Brian Clapier, Sandra Davidson, Laura Davis, Richard Dunks, Jeffrey Escoffier, Bonnie Faddis, Lauri Halderman, Melissa Hardin, Tad Harmon, Joanne Hicks-Campbell, Whitney Johnson, Cathy Kodama, Maya McKnight, Sarah Meadows, Shannon Morrison, Dubra Karnes-Padilla, Mary Ellen O'Neil, Patrice Perrault, Elizabeth Peterson, Dr. Craig Pierce, Heather Race, Faith Russler, Gregory Sherrow, Norma Straw, Arianna Trott, Delphine Trujillo, Alan Webber, Ian Wolfley, Katy Yanda y Susan Smith de Connecticut por sus valiosos consejos, ayuda y amistad. Nuestro proyecto con Líderes en el Trabajo de Datos fue apoyado por Casey Family Programs a cuyo personal expresamos nuestra gratitud: Susan Smith, Susan Reilly, Malcolm Hightower, Stacie Buchanan, Kirk O'Brien y Barbara Needell.

Agradecemos a los Dres. Jon Courtney y Heather Labansat y a Andrew y Evita Ortega por su constante y firme apoyo.

Un especial agradecimiento a la Brindle Foundation por financiar la traducción y edición al español del presente trabajo a cargo de Cristina Baccin y del Dr. Enrique Lamadrid.

Y nuestros agradecimientos especiales para nuestros amigos y colegas de Bienestar Infantil en New Mexico, Ciudad de New York y Connecticut quienes cada día luchan por los niños del mundo. Ustedes son los héroes de esta historia.

Prefacio

Despertando de una pesadilla

LEER UN LIBRO sobre trauma infantil es, de muchas maneras, como despertar de un mal sueño. La niebla que antes oscurecía este trágico rincón de la vida lentamente se disipa; y más usted aprende, verá más niños en riesgo enfrentando la adversidad y el trauma en todas partes mientras recorre su vida cotidiana. A medida que recorra las páginas de un libro sobre los desafíos de la infancia, podría experimentar abrumadores sentimientos de tristeza, rabia, frustración y desesperanza. Usted podría sentirse impotente como si tuviera que enfrentar por sí solo algo monstruoso, demasiado grande para confrontar.

Este es un libro sobre cómo el trauma impacta en nosotros mismos, nuestros niños, nuestras comunidades y en la vida de una nación atravesada por esta epidemia. Pero también más importante aún es un plan de acción para reparar algo terriblemente injusto en nuestro país. Lo que proponemos va mucho más allá de la mera atención de la salud conductual basada en el trauma (aunque esta sea un componente vital). Nuestra propuesta es una aspiración social porque eso es lo que es posible y necesario. Nuestro objetivo es nada más y nada menos que transformar radicalmente el modo en que apoyamos a cada comunidad para que cada niño crezca libre de traumas en ciudades y pueblos sensibles a las necesidades de las familias.

Este libro se basa en nuestra experiencia profesional trabajando en bienestar infantil así como con nuestros aliados comunitarios en salud pública, educación, salud conductual, desarrollo de la juventud y fuerzas del orden. Nuestras perspectivas se nutren de una diversidad de aspectos, tales como programas educativos centrados en la continua mejora de calidad, reuniones creativas, con diseñadores de software, relatos de activistas callejeros y mucho más. Debido a que también nosotros hemos sufrido traumas y hemos sido testigos de los estragos del trauma en familias, hay fragmentos en este libro que reflejan una profunda frustración con quienes bloquean soluciones. No andamos en puntas de pie alrededor de quienes desmienten o de los obstruccionistas o de los dinosaurios con influencia en esferas de poder. Cuestionamos enérgicamente un statu quo que ha aceptado las altas tasas de trauma y maltrato infantil con desastrosas consecuencias para todos nosotros. Usted podría pensar que nuestra franqueza es demasiado cáustica y por eso simplemente le pedimos disculpas de antemano.

Pretendemos desafiar la dicotomía ubicua de salvador versus víctima con la que todos podríamos ser fácilmente atraídos cuando observamos familias traumatizadas. Este es también un libro sobre imparcialidad y justicia, sobre hacer lo correcto con los abundantes recursos que tenemos y acopiamos. Si bien promovemos un buen liderazgo gubernamental como herramienta crucial, también creemos en el poder de todas las comunidades locales para ser socios de igualdad en un proceso de recuperación.

Lo invitamos a entrar en una conversación con nosotros para explorar una variedad de desafíos interconectados y para analizar críticamente cómo estamos haciendo crecer a nuestros hijos, en esta cultura, en este período de la historia. Cuando hablamos de "terminar con el trauma infantil" nos referimos a todos los niños ya sea que vivan en centros urbanos, caseríos rurales, suburbios, mansiones, proyectos de vivienda o refugios para personas sin hogar. La pregunta más importante es esta: ¿queremos resolver colectivamente la epidemia del trauma o seguimos pidiendo a las familias que resuelvan este problema por sí solas?

En los diez capítulos de este libro relatamos historias que se fusionan en una única guía para la acción. El comienzo de nuestro libro puede ser demasiado desafiante ya que le pide a usted que presencie y enfrente las consecuencias del trauma, algo que algunos de nuestros primeros comentaristas describieron como lo equivalente a que le lancen a uno un bote de agua fría. Confíe en que los capítulos se entrelazarán para empoderar al lector, dondequiera que esté posicionado.

Un potencial editor nos preguntó: ¿es este un libro para el público en general o para trabajadores sociales? Nuestra respuesta fue que era para ambos, sea para aquellos que trabajan todos los días con nuestras familias más traumatizadas como para un público que sabe que algo está mal. Ambos buscan una explicación de cómo las experiencias infantiles adversas afectan sus vidas hoy en día. Para poner fin a la epidemia de trauma infantil será necesario que todos nosotros, en todos los sectores públicos y privados, trabajemos en equipo junto a los dirigentes comunitarios de toda la nación, estableciendo redes con modalidades nuevas y estratégicas.

Por último, escribimos este libro después de años de trabajar en bienestar infantil, un sector cuyo incansable personal sirve a las poblaciones más vulnerables y traumatizadas de nuestra nación. Hemos visualizado la promesa de resolver problemas a través de nuestros propios líderes en el manejo de datos y el programa de mejora de la calidad para el bienestar infantil, lanzado en 2015.

Nuestro programa de Líderes de Datos no es una cirugía cerebral; es un programa que ofrece a la gente buenos conocimientos: el tiempo, el espacio, los recursos y el apoyo para diseñar y lanzar sus propias innovaciones. Después de haber lanzado nuestro programa de Líderes de Resiliencia para apoyar la prevención del trauma infantil, continuamos observando de primera mano cómo líderes del organismo gubernamental y de la comunidad se hacían cargo con creatividad y valentía de problemas que parecían no tener solución.

Podemos hacer grandes avances hacia la recuperación de nuestros niños, familias y comunidades y podemos hacerlo hoy. Pero primero, tenemos que confrontar algunas verdades incómodas acerca de dónde estamos parados. Tenemos que cuestionarnos cómo abordamos actualmente la prevención del trauma infantil. Tenemos que preguntarnos quién o qué nos impide utilizar una estrategia basada en datos, sistémica e intersectorial que tenemos frente a nuestros ojos. El trauma de los niños y sus padres es interminable porque, hasta ahora, nuestra nación no ha actuado.

Nos encanta provocar la indignación (tanto como a cualquier otro dúo de veteranos expertos analistas de política de gobierno), pero dado el tiempo y el compromiso de la investigación que hemos emprendido aquí, deseamos hacer algo más que sólo señalar problemas. Nos pareció vital proporcionar medidas prácticas que usted realmente pueda utilizar, si usted trabaja en un municipio, en el gobierno estatal, fundaciones, bienestar infantil, servicios sociales, agencias de defensa de la juventud, escuelas, empresas de software socialmente comprometidas o si es un activista comunitario, bloguero local o un ciudadano común. Por lo tanto, la particular producción que ahora usted tiene en sus manos es: un documental de no ficción contenida en un libro que también pueda servir como manual de instrucciones.

Creemos firmemente que cada comunidad puede resolver problemas que antes se creían irresolubles. Las estrategias que proponemos aquí fueron probadas en décadas de trabajo dentro y fuera de organismos gubernamentales. En algunos lugares realmente se está trabajando bien; y aquí incluimos historias y conocimientos de bienestar infantil y salud pública y de profesionales de la educación que ilustran cómo los datos pueden ser utilizados para una efectiva resolución de problemas. A menudo, las historias se refieren a nuestro propio trabajo o a personas que conocemos.

Advertencia: Si usted no está familiarizado con el trabajo social, algunas de las historias sobre trauma infantil pueden ser perturbadoras y emocionalmente estremecedoras. Pero las incluimos simplemente porque quienes no trabajen en este campo pueden beneficiarse de una dosis de realidad. Estos son niños de barrio como el suyo ya sea que usted viva en una urbanización cerrada o en una zona de la ciudad que todo el mundo trata de evitar.

Notas técnicas: Hemos cambiado los nombres de todos los niños, progenitores y personal para respetar la confidencialidad. En algunos casos, y por las mismas razones, también hemos cambiado el género y la composición de la familia En otros, combinamos historias. A menos que vea un nombre y apellido completo, los que trabajan dentro del sistema fueron citados con la garantía de que podrían permanecer en el anonimato, garantizando los comentarios más sinceros. También incluimos viñetas personalizadas tituladas "Diario de Katherine" y "Diario de Dom", como una manera de transmitir algunas experiencias personales dentro de nuestra historia colectiva.

Términos útiles

En este libro, trabajamos arduamente para evitar frases con jerga académica, pero algunas definiciones iniciales podrían ser útiles para los lectores que no estén familiarizados con algunos términos utilizados en el cuidado de la salud conductual, el bienestar infantil y la salud pública, como las siguientes:

En base a datos: En lugar del método común del gobierno de tomar decisiones -fundamentado en corazonadas, o en lo que se hizo antes, o en el capricho del director-, basamos todo nuestro trabajo en datos. Estamos nadando en datos y excelentes investigaciones que proporcionan toda la información que necesitamos para comenzar a resolver los desafíos de hoy. Y aclaremos que los datos no son sólo cuantitativos (cifras intimidatorias) sino que también son cualitativos provenientes de historias de vida y de inspiradoras experiencias de nuestros amigos y vecinos.

Intersectorial: En lugar de hacer nuestro trabajo en forma aislada o en compartimientos, nos acercamos a los sectores clave del sector público multidisciplinario para coordinar el trabajo. Hemos identificado (vea más adelante en el libro) diez servicios vitales en diez sectores sociales distintos que conforman una resiliente comunidad sensible a las necesidades familiares. Esto significa que el bienestar infantil y el trabajo de salud pública trabajan en sintonía con la educación, el desarrollo juvenil, el cuidado de salud conductual y la capacitación laboral. Nos comunicamos a través de nuestros organismos para evaluar los desafíos, planificar con fundamentos en la investigación, implementar acciones y medir los progresos.

Programas de Líderes de Datos: Estos son programas de Mejora Continua de la Calidad instalados en los organismos gubernamentales y no gubernamentales para capacitar la fuerza laboral en el uso de datos para resolver problemas. Estos programas fomentan la colaboración entre los especialistas en datos, los directores, el personal de capacitación y los trabajadores en terreno, a fin de mejorar los resultados para las poblaciones a las que prestan servicios.

Atención basada en el trauma: Este es un marco basado en la fortaleza de los sectores sociales y la atención de la salud conductual que responde al impacto del trauma emocional en niños y adultos. Este enfoque enfatiza la seguridad física y emocional tanto para los proveedores de servicios como para los sobrevivientes y crea oportunidades para que los sobrevivientes recuperen un sentido de control sobre sus vidas y un sentimiento de empoderamiento.

Capítulo Uno

Cómodamente insensibles

La historia de Ana

Ana era como cualquiera de nosotros a la edad de ocho años, creciendo con dificultades. Sus particulares experiencias adversas en la infancia provenían de vivir en hogares donde los adultos abusaban de drogas o alcohol y vivían con enfermedades mentales sin recibir tratamiento. Entonces llegaron más dificultades. A lo largo de este libro, vamos a contarle en detalle la historia de Ana cuya vida terminó demasiado pronto pero, por ahora, le pedimos que recuerde de nuevo -por un momento- su propia infancia para reflexionar sobre ella y cómo algunos de sus episodios podrían verse reflejados en la historia de Anna. Podría ser que usted no se relacione con ninguna de sus circunstancias, pero eso en realidad lo coloca en una minoría.

LEJOS DE USTED, al otro lado de la ciudad o al otro lado de las vías de ferrocarril, hay niños cuyas vidas transcurren perfectamente miserables. Si usted es un trabajador social, esto es, por supuesto, algo con lo que se enfrenta todos los días. Si, en cambio, usted es como el resto del público estadounidense, presta atención a este tema de vez en cuando, quizás agarrándose la cabeza. Pero en su mayoría, estos niños y niñas están fuera del alcance de la vista y del corazón. Este libro no es sólo acerca de esos niños.

Este libro es sobre todos nuestros niños, incluyendo sus hijos, los hijos de su hermana y los hijos de su vecino. Se trata de todos los que alguna vez fueron niños. Se trata de lo que sucede en su casa o en la casa de su vecino a quien nadie conoce. Se trata de titulares en los periódicos y de gritos de socorro de los que, por más que intentemos, no podemos escapar:

Eva, de dos años, fue dejada en una habitación de motel mientras su madre perdió el conocimiento por el uso de drogas. Un grupo está presionando para reinstaurar la pena de muerte sólo para "freír" a la madre que mató a Derek, su hijo de cuatro años. ¿Por qué la escuela y los vecinos no supieron que Dana, de seis años, corría el riesgo de ser abusada por sus padres? Una madre dejó a Angela, su hija de dos años, con su novio quien más tarde la ahogaría, quejándose de que la niña lloraba demasiado. ¿Cómo pudo Doug, un niño de 12 años, morir literalmente de hambre en el transcurso de unos meses, delante de su maestro? La gente está indignada porque el sistema penal permitió salir a alguien en libertad condicional ignorando que era un sociópata, dejándolo asesinar brutalmente a la hija de diez años de su nueva novia.

Aquí se presenta la punta del iceberg, pero si tenemos la suerte de escapar de las más violentas posibilidades, aún estamos reforzando los cimientos. Estamos todos juntos en este pequeño planeta insular, flotando en el universo, tratando de hacer algo de nuestro destino y con todos estos problemas. Este libro es sobre todos nosotros. Lo que nos lleva a una pregunta razonable: ¿qué clase de sociedad enferma somos? ¿Cómo es que la democracia constitucional más antigua del mundo es capaz de construir ferrocarriles a través de un continente y lanzar cohetes a la luna, todo esto mientras se convierte en la nación más rica de la historia pero también actúa como anfitriona de violaciones rutinarias, hambrunas, quemaduras y golpizas a los niños? ¿Por qué hay tantos niños lastimados, que nacen adictos y traumatizados? Por supuesto que no todas las tragedias se pueden prevenir, pero ¿esto? ¿Es esto lo mejor que podemos hacer? Seguramente, podríamos cuestionarnos acerca de que todos estos niños, magullados, golpeados, abusados y asesinados no tendrían que aparecer en las noticias vespertinas, semana tras semana, en cantidades tan horrorosas.

¿En este momento, siente el deseo de mirar hacia otro lado? No está solo. Solemos prestar nuestra atención a un gran número de causas y escenas que pasan, desde algo totalmente insípido a lo ocasionalmente relevante. Pero cuando se trata de la magnitud del trauma y el maltrato infantil, preferimos vivir en una beatífica negación.

Esto, sin duda, es una mancha en nuestro carácter moral colectivo, pero la "estrategia" también fracasa espectacularmente. Todos sabemos que los niños traumatizados y sus problemas no desaparecen sólo porque dejemos de pensar en ellos. Comparten juegos, aulas y están en los grupos de jóvenes de la iglesia con nuestros niños y, cuando crecen y se convierten en adultos, comparten nuestros lugares de trabajo, nos venden comestibles, sirven como nuestros representantes elegidos y se casan con nuestros familiares. Están en todas partes. Ellos son una legión. Incluso, uno de ellos, podría ser usted.

En el mejor de los casos, el trauma de abuso y negligencia que estos niños sufrieron queda en el pasado. Pero no es necesario leer las novelas de William Faulkner o Gabriel García Márquez para saber que el pasado nunca está muerto y, de hecho, ni siquiera es pasado. Los humanos no funcionan así. Las personas emocionalmente sanas que son tratadas bien a través de la vida tienden a tratar bien a los demás, de una manera emocionalmente saludable, pero lo contrario también es cierto. Sea lo que les haya pasado a esos niños y cuando sea que les haya ocurrido, nosotros (los que intentamos no pensar en ello) trataremos de no darle importancia en cada interacción humana y, de ese modo, una partecita de lo que ocurrió le habrá pasado a usted y a todos nosotros.

Por esta conveniente negación pagamos mucho dinero, contante y sonante. Además de los organismos gubernamentales diseñados para ayudar a los niños más afectados, se suman la policía y las prisiones que respaldan los fracasos y el estado de bienestar que, incluso si no puede resolver el problema subyacente, paga para asegurarse que la gente no pase hambre (en su mayoría) y tenga un lugar para vivir (más o menos). Los niños traumatizados también tienen, justificablemente, problemas de aprendizaje, por lo cual las escuelas gastan más de su dinero en ayuda extra, a veces robando tiempo de sus hijos en el proceso. Los sobrevivientes adultos que no han recibido tratamiento serán menos productivos económicamente, colgando pesos invisibles del Producto Interno Bruto en general y, probablemente de su lugar de trabajo, en particular.

Cuando el trauma infligido en los niños alcanza el nivel de fatalidad, especialmente cuando parece preparada para la televisión, todos estamos colectivamente mortificados. Expresamos horror e indignación y se sienten lamentos y quejas amargas. Pero como un isótopo inestable, esa energía parece tener una vida media de sólo uno o dos días. Para la siguiente semana, es sólo una sombrita hasta la siguiente muerte, cuando el proceso comience de nuevo porque - según los presentadores de noticieros y los funcionarios entrevistados- no hay una forma evidente para detenerlo.

Queremos detenerlo, por supuesto, pero: ¿por dónde empezamos? ¿Dónde empezamos a enfrentar esta cuestión multigeneracional y multifacética de la seguridad en la infancia y sus efectos secundarios que se prolonga en el tiempo? ¿ Qué líder de qué organismo podemos llevar ante un panel legislativo para una deshonra pública y un furioso ajuste de cuentas? ¿A quién podemos despedir? ¿Y está bien repartir la culpa entre padres locos, maestros poco observadores y trabajadores sociales perezosos?

No precisamente.

"Cuando hay niños que son lastimados, la sociedad clama por justicia", dijo Melissa Hardin quien coordinaba una oficina del condado para los Servicios de Protección Infantil de Nuevo México. "¿Pero justicia para quién? Es ya demasiado tarde para el pequeño niño. Por lo cual la sociedad busca atribuir la culpa al descuido de alguien, en algún lugar. Seguramente, un adulto en contacto con este niño debería haber visto algo y debería haber actuado."

Por consiguiente, la responsabilidad es quitada de la mayoría de las personas y colocada sobre los hombros de unas pocas personas sobrecargadas que no pueden cambiar el pasado y que, hasta que la historia salió a la luz, fueron –de todos modos- los únicos que se preocuparon. Cualquiera sea la culpa que sintamos, la dichosa ignorancia así se alivia.

Esa es obviamente una horrible manera de enfocar esta cuestión. Todos somos responsables de una parte de este desastre y culpar a unas pocas personas poniéndolas en el centro del fracaso no nos conducirá a ningún lado. Esto es una epidemia y, preferentemente, deberíamos abstenernos de extraer lo peor de la gente si pretendemos resolver algo. Durante la crisis del SIDA, por ejemplo, se habló mucho de cuarentenas y de identificar a los infectados tal vez excluyéndolos de ciertos trabajos. Finalmente las soluciones con compasión y sensibilidad ganaron, pero por un tiempo hubo soluciones poco pensadas y muy provisionales.

Todos somos responsables

Entonces, en vistas de mantener esto por buen camino, seamos claros que todos nosotros colectivamente permitimos que las infancias inseguras, llenas de adversidades, sigan siendo una característica estándar de estos Estados Unidos. No estamos en control del daño que una persona destruida pueda infligir en un niño, pero sí influenciamos su ambiente circundante que es el mayor predictor sobre si se habrá daño. El cambio sólo se producirá cuando nosotros, quienes somos en última instancia responsables de la situación, lo exijamos.

¿Cómo se vería ese cambio? A pesar de vivir en una sociedad obsesionada con parámetros cuantitativos que se proyecta a sí misma con visión de futuro, apenas podemos hacernos una idea de ese cambio. Con relación a los niños, tendemos a medir lo que ya va bien bien, como por ejemplo las calificaciones matemáticas satisfactorias, la asistencia a la escuela, el índice de finalización de estudios y los porcentajes de admisión a la universidad. Es importante disponer de estas cifras, pero no cuentan la historia completa; falta la información sobre las personas que terminaron en el otro lado de los resultados anhelados. Esas personas, ¿estaban a salvo de violencia y agresión? ¿Vivían en hogares donde estaban presentes la drogadicción o las enfermedades mentales sin tratamiento o el abandono y la desnutrición? Para estar seguros, necesitamos medir el éxito pero, para hacerlo correctamente, también debemos medir el fracaso.

Capítulo Dos

Una epidemia que preferimos no ver

La historia de Ana

Tener ocho años suele ser un pasatiempo divertido, feliz y seguro. El entrenamiento para ir al baño y otras indignidades de la vida de los niños más pequeños ya fueron superados y la vigilancia parental empieza a dar algunas bienvenidas señales de relajación. En la escuela, hay un par de grados que ya han pasado. Usted ya ha descifrado el código secreto de los adultos de deletrear palabras para evitar ser entendidos y las señales por la ciudad, de repente, tienen mucho más sentido. La adolescencia se acerca, por supuesto, pero todavía está muy ocupado siendo niño. En general, es una muy buena edad.

No fue así para Ana. A sus ocho años, ya había acumulado un idéntico número de episodios bajo custodia del sistema de bienestar infantil de su estado. Devuelta de nuevo a su perturbada madre Casandra, que estaba muy preocupada, festejó su cumpleaños con algunos pequeños juguetes y (sólo podemos suponer) con un poco de alegría. Si aconteció así, habrá sido el último momento culminante que ella pudiera conocer en su vida. Unos días después, Casandra y su novio golpearon a Ana hasta matarla, en una furia atizada por drogas o alcohol y afectada por trastornos mentales.

El asesinato podría haber mantenido un perfil bajo si no hubiera ocurrido en una particular semana de pocas noticias. Con poco material para informar, los medios de comunicación se ocuparon de que el asunto dominara todo tipo de noticieros vespertinos y matutinos y en las redes sociales. Después de la conmoción inicial, la historia cambió a preguntas como esta: ¡¿Cómo es posible que los Servicios de Protección de Menores, un organismo supuestamente diseñado para detener estas tragedias, devolvieran a esta pobre niña a una madre con una historia tan demostrada y profundamente preocupante?! Hubo una fuerte y prolongada protesta que llamó la atención de los legisladores estatales. Por un tiempo, Ana se convirtió en el rostro del abuso infantil y, debido a que el incidente ocurrió justo antes de un año electoral, fueron emitidos rápidamente numerosos nuevos proyectos de ley en respuesta a lo acontecido en la Cámara de Representantes del Estado para asegurarse de que Algo Como Esto Nunca Vuelva A Ocurrir.

ANA ESTÁ EN EL OTRO EXTREMO DEL ESPECTRO que rastrea la vida de los niños desde seguro a inseguro. El caso de Ana es de tipo dramático y, por lo tanto de interés periodístico; es un caso que la gente es más propensa a escuchar a través de los medios de comunicación. Pero aunque no faltaran adecuadas empatía y compasión, no había contexto. ¿Era Ana una anomalía? Si hubiera sido así, ¿una de cuántos? Los números de víctimas infantiles -aún si pudieran obtenerse-, ¿contarían una historia exhaustiva?

Respuesta breve: Un dato único no es en absoluto completo.

Respuesta más larga: Como ciudadanos consumidores de medios de comunicación, vemos muertes infantiles manufacturadas para la televisión como islas en un vasto océano. Aparecen de vez en cuando y, nosotros como sociedad los notamos, nos enteramos de los detalles, nos indignamos y tratamos de compararlos con otras islas que hemos visto antes. Pero esto resulta ser un ejercicio infructuoso porque no estamos viendo lo más importante. Sólo debajo de la superficie del agua encontrará las respuestas que una vez eran invisibles.

Zambúllase y verá una complicada cordillera construida de abuso físico, emocional y sexual con pequeños incidentes cotidianos que rara vez llaman la atención de los organismos gubernamentales o los medios de comunicación. Mire más de cerca y verá picos sumergidos fabricados de maltrato en manos de adultos que sufren enfermedades mentales sin tratamientos, el predominio de violencia doméstica en el hogar y el desenfrenado consumo indebido de drogas o alcohol. Cada roca en esa cordillera es algo que sale horriblemente mal para un niño y tenemos un término formal para tales cosas: Experiencias Infantiles Adversas (EIA o ACEs, por su sigla en inglés). Esta es la base del homicidio de Ana.

Por lo general, las cosas salen mal para los niños de una manera que no podemos ver. A veces, eso sucede porque un opaco órgano de gobierno hace la vista gorda. Algunas veces, es por nuestra propia fatiga y apatía. Otras veces, simplemente no hay nadie para ver cosas horribles que suceden en aislamiento. Pero sea cual sea la excusa, pronto surge una ligera conspiración para mantener el trauma bajo el agua y fuera de la vista. Cuando el abuso ocurre en familias más ricas (el "uno por ciento" no es inmune a todas las formas de trauma infantil y maltrato), pueden utilizar abogados y conexiones políticas como si fueran anteojeras, a menudo escondiéndose exitosamente de las autoridades. De modo semejante, una cultura de secretismo y vergüenza es casi tan efectiva para las clases media y obrera y las familias pobres. De esta forma, los niños siguen siendo traumatizados, cada momento de cada día. Sólo muy de vez en cuando, numerosas cosas salen tan dramáticamente mal en una semana lo suficientemente lenta en noticias que construyen una montaña lo suficientemente alta como para irrumpir a través de la superficie, formando una isla en la conciencia pública. Pero no muy frecuentemente.

Sobre el trauma

Desde un punto de vista estrictamente médico, trauma sólo significa una lesión grave en el cuerpo de una persona. Pero para nuestro propósito, se puede definir más ampliamente como experiencias muy difíciles o desagradables que causan a alguien problemas mentales o emocionales. Muchos de estos problemas acaban con un poco de tiempo y con un par de encuentros cercanos de corazón a corazón con buenos amigos. Rupturas románticas de rutina en la escuela secundaria funcionan así, al igual que un preocupante fracaso como no poder entrar a un equipo de fútbol. Pero con demasiada frecuencia, traumas más dramáticos causan problemas que continúan obstaculizando una vida normal, mucho tiempo después de que el trauma en sí haya terminado. Estas experiencias se convierten en heridas emocionales persistentes que obstaculizan la capacidad de un niño de confiar, de apegarse emocionalmente a otros y de hacer todas las otras tareas básicas elementales para una vida sana y exitosa. Como cualquier otra herida, dejar el asunto de la curación al paso del tiempo sólo funciona en las circunstancias menos graves, a pesar del pensamiento común.

El trauma es tan omnipresente en nuestra sociedad que se requiere un estudio bastante extenso sólo para definir los tipos de eventos traumáticos que están experimentando los niños. Se titula Estudio de Experiencias Infantiles Adversas y quizás ya se haya utilizado en alguna de sus comunidades cercanas. Es esencialmente una lista de acontecimientos potencialmente traumáticos, tanto muy serios como menos serios. Algunas de las experiencias examinadas son ignoradas por cínicos, como fases normales para la formación de carácter. Pero básicamente todo el mundo ya está de acuerdo en que la mayoría de estas experiencias son terribles, horribles, nada buenas y muy malas. El Estudio de Experiencias Infantiles Adversas (Estudio EIA o ACEs, por sus siglas en inglés) fue realizado por primera vez por Kaiser Permanente y el Centro de Control y Prevención de Enfermedades (o CDC, por sus siglas en inglés) en 1995. Se utilizó una metodología longitudinal para evaluar los resultados en materia de salud de los participantes. Cientos de presentaciones y artículos científicos han analizado los efectos generalizados de las EIA. (El estudio original fue publicado en el American Journal of Preventive Medicine en 1998 por Felitti et. al titulado "Relación del abuso infantil y la disfunción doméstica con muchas de las principales causas de mortalidad adulta: Estudio de Experiencias Infantiles Adversas (ACE)". A pesar del complicado título, fue una investigación innovadora que cambió la manera en que la salud de los adultos y las experiencias infantiles eran entendidas. El Estudio ACE también mostró cómo los ciclos de trauma y salud se transmiten de generación en generación; demandó un cambio en toda la sociedad para mejorar la calidad del entorno doméstico y familiar durante la infancia. Según el estudio, la prevención primaria basada en la familia -como las visitas domiciliarias, era necesaria a gran escala y a largo plazo.

Eso fue hace dos décadas y, todavía, no hay estrategias integrales a nivel federal o estatal para reducir las EIA. Tenemos un sistema de bienestar infantil rebosante que se ocupa del impacto extremo de las EIA pero todavía tenemos que invertir en las estrategias para prevenir tales desastres en modo significativo.

DIARIO DE DOM

Me invitaron a una compañía de software de Seattle para presentar una perspectiva general de nuestras estrategias de prevención de EIA a su personal, que también había trabajado en una fundación dedicada a diversas obras de bien. Hablé sobre el estudio original producido dos décadas atrás, las encuestas sobre EIA que revelaron altas tasas de numerosas formas de disfunción y maltrato en el hogar y las consecuencias para todos los miembros de la familia. Cuando terminé, un director de programa de veintitantos años me preguntó con seriedad: "Si este problema es tan grave como usted dice desde hace tanto tiempo, ¿por qué nunca nos enteramos?" Todos los días lidio con tales preguntas. ¿Qué clase de sociedad vive en un estado de negación casi completo de un sufrimiento tan documentado? Más importante aún, ¿por qué no hemos tenido en cuenta las recomendaciones de los autores del Estudio ACE?

De qué estamos hablando

Entonces, ¿qué son exactamente las EIA? Sin seguir un orden particular, la lista incluye: abuso físico, abuso emocional, negligencia física, negligencia emocional, abuso sexual, presenciar violencia doméstica, vivir en un hogar con alguien que está mentalmente enfermo, vivir en un hogar con alguien que abusa del alcohol y/o drogas (legales o no), tener un miembro de la familia enviado a prisión y tener padres que se separaron o divorciaron.

Como criaturas sociales, los humanos son básicamente la suma total de lo que se les ha enseñado a ser. Seguramente, la genética es un factor a veces muy importante pero, básicamente, somos la suma de nuestros aportes de formación. Si tenemos "inputs" saludables y positivos de padres, compañeros, maestros, grupos religiosos, ligas deportivas o lo que sea, generalmente salimos bastante bien. Pero si nuestros "inputs" son una serie de experiencias desesperadamente negativas, como esa lista de traumas, estamos en problemas. Serios problemas.

Esto no debería ser una sorpresa: los niveles de experiencias infantiles adversas como las enumeradas arriba pueden pronosticar hasta cierto grado, todo tipo de comportamientos riesgosos más adelante en la vida. Coloque muchos de ellos en una infancia y, muy pronto, el riesgo de suicidio, alcoholismo, uso de drogas o alcohol, uso indebido de medicamentos recetados, tabaquismo, grave obesidad, depresión, inactividad física, comportamientos sexuales de riesgo y enfermedades de transmisión sexual, se va por las nubes. Entra basura, sale basura. Trauma adentro, trauma afuera.

El costo de todo esto no debe ser subestimado porque mientras que otros soportan la mayor parte del sufrimiento, el resto de nosotros paga por ello, y no sólo con dinero. Las personas que atraviesan el trauma de experiencias infantiles adversas tienen más probabilidades de ocupar nuestras cárceles, reducir la productividad de nuestra fuerza laboral, inhibir el aprendizaje en las escuelas, sobrecargar nuestras salas de emergencia, volverse adictas a las drogas, cometer crímenes y terminar perdidas en las calles. El costo, sólo en dinero, es enorme y es sostenido por todos los contribuyentes, en todas partes. Y eso sin contar la baja calidad de vida de la mera existencia en una sociedad con esas realidades.

Con costos emocionales y financieros tan altos, ¿cómo puede ser que la mayoría del público estadounidense y los funcionarios elegidos que les reportan, no estén especialmente informados o motivados para actuar en relación a las horribles infancias que están causando tantos de nuestros problemas? Seguramente una razón es que muchos de nosotros llevamos vidas saludables, productivas, libres de crimen a pesar de algunos traumas emocionales pasados y, no estamos muy dispuestos a explicar las pobres decisiones de otros echándole la culpa de todo a los obstáculos que superamos con éxito. Si un niño es golpeado sin piedad y más tarde, de adulto, comienza a asaltar casas para mantener su adicción a drogas o alcohol, la relación de causa y efecto está lejos de ser directa. Es mucho más fácil e intuitivo creer que tal relación no existe y que simplemente estamos tratando con mala gente y sus problemas de carácter. Este fenómeno está tan arraigado en los seres humanos que los psicólogos tienen una definición para nombrarlo: Error Fundamental de Atribución. Es gratificante quejarse sobre el mal comportamiento de otras personas porque nos absuelve de responsabilidad y pone de relieve nuestra propia bondad honorable, todo en un paquete egocéntrico bien envuelto.

Pero la razón por la cual esa línea de pensamiento no examina más es por el simple hecho de que personas diferentes responden a cuestiones diferentes de maneras muy diferentes. Alicia, una terapeuta familiar, lo observó una vez a través de dos clientes que tenían madres alcohólicas altamente funcionales: "Recuerdo que estaba nervioso a su alrededor cuando estaba intoxicada", informó un paciente. "No era agradable, pero no lo llamaría traumático". La otra paciente no tuvo tanta suerte: "Se sintió incapaz de estar cerca de la gente -incluyendo familiares y amigos- bebiendo alcohol", nos dijo Alicia. "Se tensa y empieza a sentirse asustada y traumatizada."

Una experiencia: dos resultados muy diferentes; y eso es humanidad para usted. Algunas personas pueden comer lo que quieran y permanecer delgadas. El actor George Burns fumó como una chimenea y vivió hasta los 100 años. Sin embargo, esto no es una prueba de que usted deba darle a los cigarros y a las "super porciones" del restaurante McDonalds, al igual que no es un argumento que la gente pueda aguantar y superar lo que sea que enferma sus mentes. Con experiencias infantiles adversas, cada poquito duele, y con el tiempo, las cosas se suman.

Además, muchas experiencias adversas de la infancia son mucho, mucho peores a que algunas veces le hayan gritado demasiado. Todos hemos oído hablar de divorcios complicados; por ejemplo, que dejan una marca en los niños mucho tiempo después de que sean resueltos (aunque frecuentemente, marcas de diferente gravedad). Y mientras que el comportamiento de los alcohólicos pesados es generalmente inofensivo y bastante socialmente aceptable, a veces se convierte en gritar, golpear y romper cosas.

Y eso es sólo el supuesto extremo menor del espectro. Por otro lado, los niños, a menudo, acarrean cinco, seis o docenas de experiencias adversas y su trauma bien puede acumularse como desconfianza de por vida hacia los demás, fracaso escolar, paternidad o maternidad no saludables, adicción y mil otras cosas que no son su problema, a menos que interactúe con esa gente a través de los miembros de su familia, vecinos, compañeros de trabajo o parejas. Su trauma sin tratamiento puede convertirse en el de usted. Las consecuencias de este trauma se propagan como un virus, reajustando las relaciones sociales humanas para peor a medida que avanzan. Todos enfrentamos adversidades en la infancia y tendemos a pensar que sea lo que sea que hayamos enfrentado fue normal, pero muchas de estas experiencias las descartamos a nuestro riesgo. Los costos emocionales son altos, especialmente cuando los ponemos en un plan de pago a largo plazo de alto interés conocido como "no tratar con el problema".

De hecho, qué lástima que las experiencias infantiles adversas no sean en realidad, un virus. Si así fuera, los Centros de Control de Enfermedades los habrían reconocido hace mucho tiempo como una epidemia y hubieran movilizado una respuesta nacional a gran escala para detener su propagación a toda costa. Lucharíamos contra el flagelo con todo el fervor patriótico y con las billeteras abiertas que pagaron el viaje a la Luna y la Segunda Guerra Mundial. En cambio, las experiencias infantiles adversas son mantenidas en secreto y son estigmatizadas, escondiéndose a plena vista.

Un ciclo que debemos detener a toda costa

La historia de Ana tenía un inusual poder para permanecer entre las noticias. Una semana lenta ciertamente ayudó pero rápidamente todo tipo de detalles escabrosos comenzaron a salpicar las noticias e impulsaron la historia hacia adelante. Casandra, la madre, fue rápidamente crucificada como un monstruo al igual que su novio. Escuchamos historias sobre familiares que sabían que algo no estaba bien y aún así no hablaron, sobre un sistema de bienestar infantil tan sobrecargado que fue descrito como construido con "alambre y cinta adhesiva" y mucho más que mantendría nuestra atención el tiempo suficientemente largo como para cerrar otro lucrativo corte comercial. No paraba de aparecer y aparecer.

Lo que no escuchamos -y lo que todavía estamos esperando-, fue un examen de las causas profundas de esta historia. Ningún periodista de investigación indagó cómo Casandra (y gente como ella), podría haber salido tan mal. Si se hubieran molestado en investigar, habrían encontrado una lista de experiencias infantiles adversas que la prepararon para fracasar: una serie de nocivos "inputs" la condujeron a pésimos "outputs".

Sabemos que la gente normal y sana no se levanta por la mañana y golpea a sus hijos hasta matarlos; por consiguiente, ¿qué estaba pasando con la madre de Ana? ¿Y qué podemos hacer hoy para evitar que cosas como esta sucedan mañana? ¿Necesitamos tener una larga serie de reuniones en la Legislatura del Estado para reexaminar algunos procedimientos y estatutos detestables que tratan con este tipo de cosas? ¿Es necesario que varios directores de órganos de gobierno se comprometan con el programa o se vayan? ¿Es necesario que comiencen procedimientos de destitución de líderes electos?

Por supuesto, la respuesta es sí. Y desarrollaremos con mayor profundidad este tema más adelante. Por ahora, baste con decir que dicho tema sería completamente insatisfactorio y no haría un gran papel en la televisión. ¿Y qué importa si Casandra -y todos los otros casos de progenitores homicidas de gran resonancia pública de los últimos diez años- fueron abusados cuando eran niños? Y qué importa si Casandra tuvo padres que fueron incapaces de hacer algo cuando ella comenzó a alcoholizarse y a consumir estupefacientes pesados a los 12 años (o lo que fuera que el terrible expediente de su vida pudiera revelar). Ella mató a su hija. Y por lo tanto, es un monstruo y ese es el final de la historia. Señalar el trauma del pasado es irrelevante, en el mejor de los casos, y un esfuerzo enfermizo y retorcido para justificar el asesinato de niños, en el peor de los casos.

Así que, paisanos estadounidenses, en pocas palabras, ése es el ciclo. Los niños son lastimados, se hacen adultos, lastiman a sus hijos y nos provocan una furia ciega al resto de nosotros. Nos enojamos pero, básicamente, nos mantenemos al margen y no hacemos nada con respecto a un sistema que no funciona, mientras más niños resultan heridos, se convierten en adultos, tienen hijos, provocan indignación y así sucesivamente. Se olvida y se repiten los problemas. Elija una de las opciones de un menú de diez elementos traumáticos fundamentales que conocemos y que sabemos cómo prevenir y, lentamente esa vasta cordillera submarina es levantada de otra manera.

Y de nuevo, hay muchísimas cosas en esa lista, especialmente si se trata de incidentes aislados, de las que los niños pueden recuperarse sin aparecer en las noticias vespertinas. Allí afuera hay muchas personas trabajadoras, que pagan sus impuestos y tienen mucho éxito con familias sanas que soportaron horribles experiencias adversas en la infancia. De vez en cuando, alguien con un espantoso catálogo de EIA gana un Premio Nobel o graba un disco de Platino y sin duda escuchará hablar de ellos, pero no porque sea común; las cosas comunes no aparecen en las noticias.

Este es un juego de probabilidades en contra de los traumatizados quienes están perdiendo, junto con el resto de nosotros que compartimos un país con ellos. Una experiencia infantil adversa puede ser suficiente para hacer caer su vida en picada que, de una manera u otra, termina afectando a todos los demás en la sociedad; acumule unas pocas más y la infección de la sociedad sigue aumentando. Esto desperdicia el potencial humano, malgasta dinero y disminuye la calidad de vida de todos.

Pero es un problema enorme y deprimente, por lo cual la mayor parte del tiempo hacemos lo más posible para ignorarlo y tolerar sus consecuencias. Cuando un conocido fue víctima de un delito menor, nos compadecimos de él pero probablemente no analizamos ese delito en sus componentes que, muy probablemente, incluirían adicciones que llegaron hasta usted en parte debido a experiencias infantiles adversas. Si la gente en el trabajo está causando todo tipo de problemas hasta el punto de bajar la productividad, nos enfurecemos con ellos y su torpeza, ignorando la montaña de experiencias infantiles adversas que arrastran cuando marcan la tarjeta cada mañana. Pasamos día tras día quejándonos de ellos y los problemas que causan porque, como la madre de Ana, ellos también son monstruos, aunque de rango inferior.

Quizás esta narrativa no sea suficiente: bien. Entonces, en aras del argumento, sigamos: el conductor borracho en un coche robado que le chocó su auto de costado; es un monstruo. El hombre sin techo (habituado al sistema de justicia criminal) que se ve horrible y está causando lío y haciendo un desastre en la calle: es un monstruo. Mamá de Ana: monstruo. Todos, monstruos. Es el monstruo del amasijo de la vida que llamamos sociedad moderna.

Pero una pregunta rápida: Ya que por lo general sabemos las partes componentes de este comportamiento criminal, antisocial o simplemente odioso -y tenemos algunas ideas bastante buenas para eliminarlo de la ecuación-, ¿quién es aquí el monstruo más grande?: Los monstruos mismos o la más amplia sociedad que pone la mesa de la benévola negligencia, sabiendo muy bien qué sucederá. Parece que los únicos que no son monstruos son quizás los mismos trabajadores sociales que son culpados cuando las cosas salen mal; al menos lo están intentando.

Esta charla sobre monstruos es sólo palabras. Nuestras acciones, por otro lado, indican que vemos los efectos de esta crisis -desde las molestias con las que lidiamos todos los días, a las cargas de impuestos que gastamos, hasta el cadáver de un niño de ocho años- como el suficientemente tolerable costo de hacer negocios en El País Más Rico De Todos Los Tiempos.

No podemos seguir permitiéndonos esto. El trauma de la puerta de al lado es una afrenta al potencial humano, un ancla alrededor del cuello del crecimiento económico y una garantía de que todos -con historia de adversidad y trauma infantil o no-, seguirán sufriendo.

Capítulo Tres

Software, cáscaras de huevo y campos minados: ilustración de un problema en toda su desgracia

La historia de Ana

Después de la muerte de Ana, una auditoría interna detectó un problema tedioso pero crítico respecto a la forma en que los Servicios de Protección de Menores manejaron el caso: Los archivos de Ana (los ocho) no eran fácilmente accesibles para el personal. Estos archivos de casos contenían información fría y concreta, datos cualitativos y cuantitativos de entrevistas y relatos que describían a fondo la falta de seguridad de Ana. Pero esa información fue ocultada a la gente a cargo de prevenir exactamente lo que pasó. Es muy posible que la mala gestión del papeleo y la resultante falta de compilar información crítica en el lugar correcto, le costara la vida a Ana. Los problemas deben ser elucidados antes de resolverlos.

¿QUÉ ES LO QUE SABEMOS? Sabemos que el problema del trauma y maltrato infantil existe; sabemos que es horrible y sabemos que afecta a todas las comunidades independientemente de su raza, credo, clase y color. Sabemos que algunas comunidades están peor que otras. Créase o no, también sabemos cómo prevenirlo o, al menos, disminuirlo en gran parte. Sabemos el "cómo hacer" y tenemos la capacidad para tratar a los sobrevivientes a través de protocolos estándar establecidos por los entendidos en traumas en la atención de salud mental. Tenemos psicólogos, trabajadores sociales, psiquiatras, programas de apoyo a la familia, hospitales, escuelas y organismos de bienestar infantil; trabajan en edificios modernos con plomería y electricidad del primer mundo. Ese es el "hardware," lo obvio, lo tangible, lo visible y, considerando todas las cosas, estamos bastante bien en este área; en términos de personal, no es suficientemente grande en muchas localidades, pero es un comienzo prometedor para seguir adelante.

Sostenemos que nos falta el software adecuado. Las personas que trabajan en esos edificios no disponen de la justa recopilación de esas herramientas -aburridas pero importantes- para hacer bien su trabajo, tales como: protocolos, procesos, capacitación y tecnología adecuados. Asimismo carecemos de un cuadro de fácil lectura con todos los componentes del problema: algo que podamos usar para analizar, planificar, actuar y evaluar nuestro camino hacia una solución. Necesitamos algo tan simple que ni siquiera un político podría no entenderlo.

Usted podría ser disculpado por pensar que este estado de cosas es extraño porque, a casi dos décadas en este siglo, Estados Unidos está superándose en el área de software. Somos especialmente buenos en tomar vastas piezas desembolsadas de información aislada e inaccesible y convertirlas en experiencias de usuario hermosas y de fácil manejo. Tenemos muchos nombres para esos sistemas como Facebook, Twitter, Airbnb y Uber. Todos han cambiado nuestras vidas pero no fueron revoluciones de hardware: Twitter es básicamente una combinación inteligente de correo electrónico y el tablón de anuncios en una tienda de comestibles; Airbnb es sólo una serie de anuncios clasificados con pago y entrega instantáneos; Amazon es el catálogo de Sears de 1963, agregándole velocidad y variedad.

Estas compañías no inventaron ningún hardware pero sí reorganizaron el software y cambiaron el mundo. Creemos que el mismo principio se aplica al mundo de los organismos gubernamentales encargados de proteger, nutrir y educar a nuestros niños (incluidos el bienestar infantil, la salud pública, la educación, la aplicación de la ley y nuestros sistemas judiciales). Debido a que, en su mayor parte, están atrapados en silos invisibles lejos del escrutinio público, muchas personas que trabajan en estos entes cuyas funciones son vitales para prevenir traumas, no han recibido los recursos, formación o libertad para experimentar (lo que impulsa el tipo de progreso del software que hemos visto en el servicio de taxis y en las redes sociales); lo mismo para nuestro sistema de salud mental y los baluartes sociales que buscan prevenir que el trauma nunca suceda, como los preescolares, la educación para padres y los programas de tutoría para jóvenes.

Cuando el software salva vidas

Tenemos un problema de software pero, ¿cómo conseguir que los problemas de software sean arreglados? Echemos un vistazo a lo que hizo Airbnb.

La gente ha alquilado habitaciones durante mucho tiempo pero nunca fue un proceso muy eficiente. Por aquel entonces, usted tenía que caminar personalmente por la ciudad y buscar datos sobre la disponibilidad de habitaciones o tal vez, recoger esa información de amigos o conocidos. Además de requerir mucho tiempo, la ineficiencia también producía algunos resultados decepcionantes del mismo modo como María y José lo descubrieron hace poco más de 2.000 años. Y sin poder ver una habitación personalmente, no había mucha esperanza de tener una idea clara sobre la calidad de un lugar.

Con el tiempo, las señales de vacantes, la estandarización de cadenas de albergues, las guías turísticas, las guías telefónicas (por no hablar de los teléfonos) hicieron este proceso más fácil, pero no demasiado. Todavía usted podía llegar perfectamente a un pueblo y encontrarse con que no había espacio en el albergue; o podría encontrarse con una habitación que era un basurero, algo que podría haber sabido si hubiera vivido en la ciudad o hubiera tenido amigos allí pero, por supuesto, eso probablemente hubiera implicado que usted en realidad no hubiera necesitado una habitación. Y mucha gente que gustosamente le hubiera alquilado una habitación, estaba fuera del circuito más grande, estancada en el mercado local y en los anuncios clasificados.

Después, llegaron Internet y los sitios web de reservas de hoteles que a menudo nos permitían ver fotos de las habitaciones y hacernos una idea del lugar sin llamar y mortificar a algún pobre empleado sobre el desayuno buffet. Eso fue una mejora, por supuesto, pero las imágenes pueden mentir y los ciudadanos promedio con una habitación libre todavía no estaban de suerte.

Fundamentalmente, el problema era la eficiencia y la visibilidad. Había una demanda de lugares no hoteleros para dormir y había un montón de hardware disponible en forma de casas de huéspedes y habitaciones extra de sobra, pero los clientes potenciales no podían ver el cuadro completo. Los datos puntuales -quién alquilaba, cuánto costaba- se ocultaban fundamentalmente a la gente que podría utilizar la información, por lo que la mano izquierda no sabía realmente lo que hacía la mano derecha. Encontrar un lugar para dormir en otra ciudad o (Dios te ayude) en un país extranjero siguió siendo un dolor de cabeza.

Cuando uno se pone a analizarlo, Airbnb simplemente realizó un enorme trabajo de organización. Fueron a todas partes y recogieron datos sobre vacantes, precios, disponibilidad de Wi-Fi, opiniones de los usuarios y si un lugar aceptaba perros y lo presentaron en un sitio web de una manera atractiva y de fácil lectura. Los miembros y anfitriones de Airbnb crearon perfiles atractivos con fotos y vídeos para que usted pudiera conocerlos; establecieron unos procedimientos nuevos para comprobar de manera eficiente la entrada y salida de los lugares y cómo pagar por todo; y lo más importante, construyeron un sistema integral de mejora continua de la calidad: las habitaciones de alquiler son evaluadas por los huéspedes y viceversa. En esas circunstancias, es probable que los problemas sean abordados con rapidez y eficacia, como si se resolvieran por sí mismos.

¿Cómo se relaciona buscar una habitación en alquiler con proteger la infancia?

Nuestro argumento es que los sistemas que disponemos para ayudar a niños traumatizados y los sistemas que evitan que sean dañados en primer lugar, pueden funcionar de la misma manera. Quizás haya numerosos actores por allí pero si podemos reunir los datos correctos y contar la historia de mantener a todos los niños seguros tan simple e intuitivamente como sea posible, las soluciones serían rápidamente bastante obvias; agregue algunos buenos procedimientos y un mecanismo de control de calidad permanente y usted está en el camino hacia la excelencia y a niños más seguros.

Así que, juntémonos ¡porque vamos a recopilar algunos datos! Suena divertido, ¿verdad? ¿Quizás, incluso heroico? ¿Quién no podría estar enfervorizado por multitudes de personas en oficinas pobremente iluminadas entrecerrando los ojos frente a hojas de cálculo, dando la impresión de que estarían bien pasando la tarde en la playa?

Lo entendemos. No es nada sexy. Pero como el fitoplancton, los átomos de carbono y el alfabeto, no es nada menos que la base de toda la solución. Disponer de buenos datos es extraordinaria y sorprendentemente importante porque nos permite sumergirnos en el océano mencionado anteriormente y ver cada contorno de la gigantesca cordillera submarina de problemas que estamos tratando. Nos guía en las acciones y nos ayuda a evitar posibles catástrofes.

Durante el transcurso de este libro vamos a hablar extensamente acerca de los datos y cómo pueden ilustrar (y por lo tanto proporcionar la base para la acción sobre) la gran cantidad de componentes del problema de trauma infantil. Pero por ahora, echemos un vistazo al panorama nacional: una base de datos denominada 320 millones de personas en los Estados Unidos de América.

Utilizamos cifras del Departamento de Salud y Servicios Humanos de EE.UU. (a los que hemos agregado los números del año 2015, el último año fácilmente accesible al público) de las denuncias sobre presunto maltrato infantil realizadas a través de llamadas a centros de atención telefónica que nos dicen lo siguiente: 4 millones de llamadas. De esas denuncias, 2.2 millones fueron revisadas en algún tipo de sistema formal y enviadas para ser investigadas por uno de nuestros 50 sistemas estatales de bienestar infantil (nótese que un informe puede incluir denuncias por más de un niño). Las investigaciones afectaron a 3.4 millones de niños, lo que supone un aumento significativo desde 2010; de esos casos de maltrato, las autoridades clasificaron el 75% como negligencia, el 17% como abuso físico y el 8% como abuso sexual.

Sumemos todo a lo largo de los años -como hicieron algunos investigadores en un artículo de la Revista de la Asociación Médica Americana de agosto del 2014 ("Prevalencia de maltrato confirmado entre los niños estadounidenses, 2004-2011")- y resulta que uno de cada ocho niños ingresará oficialmente en el sistema de bienestar infantil para cuando llegue a los 18 años. Si usted es afroamericano, el número se dispara a uno de cada cinco; para los nativo americanos, uno de cada siete. Y eso es solo negligencia y abuso que atrae la atención de las autoridades; ni siquiera empezamos a medir el trauma infantil que nunca será visto por un investigador.

Pero aunque la mayoría de los niños traumatizados nunca se acerque al sistema de bienestar infantil, eso no significa que no corran un gran riesgo. Tenemos que profundizar más para entender realmente lo que está pasando en nuestras familias. Así que debemos sacar a la luz nuevos datos de los departamentos de salud pública, las fuerzas del orden, los refugios contra la violencia doméstica y los Centros para el Control y la Prevención de Enfermedades. También podemos obtener datos sobre divorcios, pobreza infantil y encarcelamientos de la Oficina del Censo y otras fuentes estatales. Poco a poco, comienza a surgir una imagen mucho más clara de la vida de los bebés, los niños, los jóvenes y sus padres y la cordillera submarina se vuelve un poco menos borrosa. Resulta que la mayoría de nuestros niños están atrapados en algún lugar de ese continuo, en diversos grados de peligro. Pero profundizaremos este tema más adelante.

Por simple exhaustividad, la situación no es mejor en la base de datos de todo Estados Unidos que en el Estudio de Experiencias Infantiles Adversas mencionado anteriormente. Esto proporciona una estimación, como un sondeo de opinión en una campaña política por lo cual aunque no es tan exacta como el recuento físico en el día de las elecciones, nos brinda una idea bastante cercana sobre lo que está pasando allí fuera. Como maniáticos de datos, somos grandes fanáticos de la Encuesta EIA (ACE, por sus siglas en inglés) y nos gustaría poder administrarla a cada estudiante en cada grado en cada escuela del país cada año, así como a los padres de familia y a cualquiera que planee tener hijos. Disfrutamos soñando despiertos sobre lo que un tesoro de datos útiles y que salvan vidas proporcionaría pero, por desgracia, la política lo hace impracticable. Sin embargo, varias personas y organizaciones ya han administrado la encuesta a escalas razonablemente grandes, como con grupos de pacientes en entornos clínicos. Algunos estados han encuestado por teléfono a una muestra representativa de la población general.

Creemos que dicha encuesta es una herramienta tan útil que vamos a pasar la mayor parte del resto del capítulo diseccionando las diez preguntas en detalle. Luego compartiremos los resultados de algunas encuestas estatales. Creemos que usted estará de acuerdo en que estas preguntas son de hecho la base para entender el problema y el primer paso lógico para resolverlo.

Las preguntas del estudio sobre EIA
(Experiencias Infantiles Adversas o ACE, por sus siglas en inglés)

Diez preguntas, un cuadro claro y un nuevo comienzo

NOTA: No nos centramos demasiado en los aspectos técnicos de la calificación de la encuesta pero es suficiente decir que contabiliza las EIA y asigna una "puntuación" lo que es una buena base para una determinación aproximada sobre el riesgo para las poblaciones. Nos permite decir cosas como "basado en los datos, las personas con seis o más EIA son más propensas a experimentar retos". Pero a continuación, sólo exploramos los temas que plantean las preguntas de la encuesta.

UNO: *¿Alguno de sus padres u otro adulto en su casa con frecuencia o con mucha frecuencia lo empujaban, lo tironeaban, lo abofeteaban o le lanzaban algo? ¿O alguna vez lo golpearon tan fuerte que le dejaron marcas o lo hirieron?*

Como se podrá imaginar, las respuestas a esta pregunta caen en partes muy diferentes de un amplio espectro. Aquellos que responden "sí" pueden haber sido empujados una o dos veces o pueden haber sufrido abuso físico rutinario durante muchos años.

"Tenía un paciente que compartía la custodia de sus dos hijos, de tres y seis años, con su ex-marido" -informó Andy, terapeuta en un centro de salud comunitario. El ex-marido se había vuelto a casar, había comenzado con otro hábito de estupefacientes o alcohol y cuando los niños pasaron unas noches en su casa, nunca durmieron bien. "Cuando mi paciente presionó a su hijo para obtener más información, él le dijo que era porque su hermana menor lloraba a la hora de acostarse y su padre entraba en la habitación y la golpeaba en el trasero por no quedarse dormida de inmediato" -dijo Andy.

Tomó un poco de negociación y varios meses de tiempo pero, finalmente, los dos padres llegaron a un acuerdo sobre cómo los niños serían castigados sin golpearlos y el problema se resolvió, probablemente sin daño permanente.

No podía decirse lo mismo de Joanna, una niña de nueve meses llevada por su madre a la sala de urgencias con el cráneo fracturado y sin explicación. "La otra niña, Stevie, de tres años de edad, declaró que 'golpear' ocurría en el hogar con mamá y su novio -nos relató Dianna, una trabajadora social de los Servicios de Protección de la Infancia. La madre continuó negando que algo estuviera mal. Ambos niños fueron puestos bajo custodia debido a la lesión inexplicable."

Esos niños fueron puestos bajo la custodia de sus abuelos, aunque más tarde, después de un programa de tratamiento, la madre tuvo la oportunidad de solicitar que se los devolvieran. Una mala situación, sin duda, pero al menos los niños tenían la ventaja de tener abuelos estables que intervendrían si fuera necesario.

Pero eso tampoco siempre funciona.

"Uno de los casos más difíciles en los que he trabajado fue un caso con una abuela que había estado criando a sus nietos ... en un hogar con su tío extremamente abusivo -narró Alice, una trabajadora social de los Servicios de Protección de la Infancia. Trabajé con ellos durante más de seis meses y nunca vi ningún cambio en el modo de pensar de la abuela. No creía que los niños tuvieran miedo de su tío y dijo que endurecerlos los haría mejores niños."

Podríamos llenar todo este libro con respuestas y análisis sólo de esta pregunta. Hay un amplio espectro de abuso físico y la gente reacciona ante el mismo de muy diversas maneras. Con todo, convierte los trabajos de los investigadores de los Servicios de Protección de la Infancia en una serie de decisiones muy delicadas y problemáticas.

DOS: *¿Alguno de sus padres u otro adulto en su casa con frecuencia o con mucha frecuencia lo ofendía, insultaba, menospreciaba o humillaba? ¿O actuaba de una manera que le hizo temer que lo lastimaran físicamente?*

Si escucha las historias en los refugios contra violencia doméstica descubrirá rápidamente que, con frecuencia, la amenaza de la violencia física -en lugar de la violencia en sí- es lo que causa el trauma. Cuando los niños son los receptores de estas amenazas o humillaciones o, cuando ven a uno de los padres ocasionándolas a un hermano o al otro progenitor, pueden causar problemas interminables como parte de una conversación en un refugio contra la violencia doméstica que nunca cierra y de cualquier modo deja una marca.

Mara, una terapeuta de un centro de salud comunitario, nos comentó que esto es muy común: "Muchos pacientes hablan de sus experiencias de crecer en una casa donde se les dijo que se fueran porque estaban en el camino o sus cuidadores los llamaban 'estúpidos', 'idiotas' o 'inútiles'. Algunos pacientes indican que sus padres estaban bajo mucho estrés y no sabían cómo tratarlos como niños, mientras que otros dicen que sus padres nunca los quisieron. Estas experiencias de abuso emocional impactan profundamente en las personas y pueden impactar sus creencias sobre las personas y el mundo de por vida."

Mary, una terapeuta, compartió lo que ella veía como un problema muy común e inquietante en las familias: "Mi paciente, Davis, hablaba sobre su padre quien trabajaba en la carretera la mayor parte del tiempo, pero cuando llegábamos a casa, él estaba cansado y muy enojado. Caminábamos como sobre cáscaras de huevo cuando estaba por ahí, esperando a que explotara con nuestra madre o con nosotros."

TRES: *¿Algún adulto o alguna persona por lo menos cinco años mayor que usted, alguna vez: lo ha tocado o acariciado indebidamente alguna vez o le hizo tocarlo de una manera sexual?*

¿O intentó o, en realidad, tuvo relaciones sexuales orales, anales o vaginales con usted?

Esta pregunta tiene como objetivo explorar si una persona joven se sintió abusada o traumatizada por la actividad sexual con una persona mayor que ella, al tiempo que trata de evitar los varios "qué sucedería si..." presentados por las extremadamente diferentes leyes sobre la edad de consentimiento sexual en todo el país. Todos los niños requieren ser protegidos de adultos depredadores que usarían su poder para intimidar y controlar y, si la diferencia de edad de cinco años es un poco arbitraria, creemos, no obstante, que es una línea de demarcación útil y simple después de la cual los problemas con dinámicas de poder empeoran exponencialmente.

Los abusos sexuales se producen en muchas formas y pueden tener consecuencias a corto plazo o a lo largo de la vida y todo lo que pueda incluir. Ese fue el caso de Esperanza que, a los 14 años se había quedado dormida frente a la televisión que estaba viendo con su hermano de 19 años y Juan, el mejor amigo de él y un visitante a la casa por largo tiempo. Trina, una terapeuta de un centro de salud comunitario, nos dijo que: "Esperanza recordó que se despertó con Juan tocándole el pecho. Ella dijo que no sabía si estaba despierto o no y que no sabía cómo reaccionar, así que lo dejó poner su mano bajo el pijama de ella. El hermano de Esperanza se despertó y sacudió a Juan, diciéndole que debía irse a la cama; Juan se detuvo de repente. Después de este evento, Esperanza experimentó síntomas intensos de ansiedad y reportó tener dificultad para estar sola con hombres."

No es difícil imaginar a Esperanza resolver ese trauma en su camino hacia una vida sana y normal. Pero tristemente, hay otro lado de este espectro.

"El caso más difícil que he tenido fue cuando una niña de 13 años llamada Sandra fue violada por su padrastro mientras su madre (drogada con heroína) lo observaba y lo alentaba como castigo -dijo Betty, una trabajadora social de Servicios de Protección al Niño. Sandra quedó embarazada del hijo de su padrastro. Después de la investigación penal, el padrastro y la madre fueron encarcelados. Sandra vivía con su abuela, que estaba tratando de criar a su nieta y al hijo de un año de Sandra."

Los casos de abuso sexual representan un porcentaje muy pequeño de los casos que los servicios de protección de menores tratan; sin embargo, debido a la vergüenza que todavía se atribuye a tales comportamientos, no podemos decir que tengamos cifras exactas. De una encuesta de Experiencias Infantiles Adversas que incluyó 10 estados y Washington D.C., el 15 por ciento de las mujeres y el 6 por ciento de los hombres reportaron abuso sexual que aconteció en su pasado. Las encuestas de mujeres adultas han indicado que la violencia sexual afecta a una de cada cinco niñas y mujeres y que los autores de la violencia son miembros de la familia, amigos de los padres o parejas en quien alguna vez confiaron.

CUATRO: *¿Sentía usted con frecuencia o con mucha frecuencia que nadie en su familia lo quería o pensaba que usted fuera importante o especial? ¿O sentía usted que en su familia no se cuidaban unos a otros, ni se sentían cercanos el uno al otro, ni se apoyaban el uno al otro?*

El objetivo de esta pregunta es sonsacar cuándo los sentimientos de rechazo de los padres eran significativos y emocionalmente perturbadores durante un período prolongado de tiempo, lo que es negligencia emocional y puede ser debilitante. Los niños que no se sienten cercanos o queridos por sus familias, especialmente por sus padres, están encerrados en una especie de aislamiento emocional. Algunos se las arreglan para no darle importancia, mientras que a otros los lleva al suicidio y todo lo que puede haber en el medio. En algunos casos, el abandono emocional por sí solo puede ser tan extremo que lleva al gobierno a sacar a los niños de los hogares de sus padres.

Trina, una terapeuta de una comunidad rural, nos manifestó sobre cuántos padres negligentes aman a sus hijos y no se dan cuenta de cómo su hijo podría sentirse no amado. Uno de sus pacientes, que tenía un pasado problemático con el abuso de estupefacientes, se dio cuenta de esto con lágrimas en los ojos en una sesión de terapia: "Traté de protegerlos de mi consumo de drogas. Nunca las consumí cerca de ellos. [Pero] a pesar de que no las estaba usando delante de ellos, puedo apenas imaginar lo solos y sin amor que se sentían estando por su cuenta todo el tiempo." Incluso, comportamientos de padres bien intencionados pueden llevar -involuntariamente- a que sus hijos no se sientan amados.

CINCO: *¿Sentía usted con frecuencia o con mucha frecuencia que no tenía suficiente para comer, tenía que usar ropa sucia o no tenía a nadie que lo protegiera? ¿O que sus padres estaban demasiado* *borrachos o drogados para cuidarlo o llevarlo al médico si necesitaba ir?*

Esta pregunta se refiere a la negligencia con los niños, que en realidad representa una gran mayoría de los casos en el sistema de bienestar de la infancia. El abuso sexual es dramático y el abuso emocional genera controversia porque es invisible y mucha gente piensa que es normal, así que ambos reciben mucha atención aunque representen un porcentaje relativamente pequeño del número de casos de bienestar infantil. Pero la mayor parte de la negligencia involucra a padres que no comparten sus vidas suficientemente como para proveer lo básico para sus hijos, ya sea por falta de dinero, preocupación por su drogadicción o alguna otra razón trágica.

La negligencia, en sus diversas formas, puede ser traumática en sí misma, pero también genera una serie de problemas prácticos inmediatos. No tener nada que comer en casa, por ejemplo, puede dejar cicatrices emocionales que permanecen en los niños durante toda la vida y afectan la salud y las relaciones sociales, pero también dejan a los niños con hambre en su tiempo presente. Los niños que tienen hambre ciertamente tienen dificultades para prestar atención en la escuela, si es que llegan a la escuela en absoluto, lo que conlleva a una variedad de otros problemas. Y no llegar a las visitas al médico o al dentista, por supuesto, puede amenazar la salud y la vida.

Con frecuencia, la negligencia ni siquiera es maliciosa. Carrie, una investigadora del Servicio de Protección de Menores, le dijo una vez a una paciente, Jolee, que tenía que arreglar un agujero en su piso porque era suficientemente grande como para que su bebé se cayera. Unos días más tarde, ella se cruzó con Jolee, caminando por el lado de la carretera con un brazo lleno de madera para las reparaciones. "Jolee, ¿dejaste a tu bebé sola mientras saliste a obtener tu madera?" -preguntó Carrie. "Sí, está bien en su cuna. Es demasiado pequeña como para ir a ningún lado" -dijo Jolee con total naturalidad.

Esto acontece todo en un solo día de trabajo de un investigador del Servicio de Protección al Menor: A veces, se llega al punto de tener que enseñar a un progenitor novicio que no se puede dejar un bebé solo durante horas.

Pero estos casos pueden ser aún más surrealistas. Mientras que el caso de Jolee involucraba pobreza extrema, Scott, un trabajador de dicho Servicio, una vez tuvo que hacerse cargo de un caso de negligencia que involucraba a una familia adinerada y a su hija, Tina, quien había sido recientemente ingresada en el hospital por malnutrición. Después de una investigación más profunda, se supo que la madre de Tina estaba convencida de que su hija era alérgica a todo excepto a los batidos especialmente elaborados. La familia había llevado a Tina a visitar numerosos especialistas que habían informado debidamente que no, que ella no era alérgica a todo; pero la madre simplemente no lo creyó. La falta de aceptación de las explicaciones científicas, sospechó Scott, estaba relacionada con algunas convicciones religiosas inusualmente fundamentalistas; entonces, Tina fue llevada a una casa de crianza temporal donde felizmente comió todo lo que tenía delante sin ningún problema de alergia.

Con esta pregunta y respuestas, los trabajadores del Servicio de Protección al Menor se enfrentan a un reto importante: No es contra la ley ser pobre o tener problemas para mantener la logística de una vida juntos; sin embargo, causa problemas que no podemos ignorar. Todos hemos visto, por ejemplo, informes de que los niños a veces pasan hambre en Estados Unidos. Seguramente que no -pensamos-, dados los cupones de alimentos y los bancos de alimentos; y eso es correcto. Pero esos servicios dependen de que uno de los progenitores actúe lo suficiente como para llegar al punto de distribución y además estos servicios son frecuentemente en peligro de ser reducidos. Por lo tanto, sí, tenemos leyes en los libros que quitarán a los niños de sus padres por negligencia respecto a lo básico (higiene, refugio y comida) si presenta un riesgo inmediato de daño grave. Pero nuestro sistema no siempre asegura que nuestras poblaciones más vulnerables puedan llegar a esas necesidades básicas.

SEIS: *¿Vivió usted con alguien que era un bebedor problemático o alcohólico? ¿O que consumía drogas?*

El consumo de drogas y alcohol es otro gran espectro pero la clave con esta pregunta es enfocarse en la palabra "problemático". Haga eso y evitaremos muchas charlas inútiles sobre si ver a sus padres tomar una copa de vino con la cena es una experiencia infantil adversa. El objetivo es averiguar si los padres están poniendo a sus hijos en riesgo con el consumo de drogas o alcohol (incluyendo opioides de venta con receta médica), como en un caso reportado por David, un trabajador social de los Servicios de Protección al Niño:

"Entre nuestros casos, tenemos una madre que tuvo cuatro bebés drogadictos en cuatro años -nos dijo David. -Ella se niega reiteradamente a usar los servicios de planificación familiar."

Sabiendo que un parto en un hospital atraería la atención de los Servicios de Protección del Menor, la madre dio a luz a su hijo más reciente en su casa; luego, esperó cuatro días para que las drogas limpiaran el sistema del bebé antes de traerlo para las evaluaciones médicas habituales, mientras continuaba consumiendo metanfetamina.

SIETE: *A su madre, madrastra, padre o padrastro con frecuencia o con mucha frecuencia, ¿la/lo empujaban, tironeaban, abofetean o golpeaban con algún objeto que le hubieran lanzado? ¿O en ocasiones, con frecuencia o con mucha frecuencia, la/lo patearon, mordieron, golpearon a puñetazos o golpearon con un objeto duro? ¿O alguna vez, la/lo golpearon repetidamente durante varios minutos o amenazaron con una pistola o un cuchillo?*

Como con otras preguntas, el objetivo aquí no es obtener un relato periodístico o documental de lo que sucedió sino, más bien, identificar lo que un niño vio. Los niños testigos de la violencia doméstica pueden sufrir traumas emocionales de distinto grado y pueden requerir atención de la salud mental después de los hechos.

Los pacientes están llenos de historias desgarradoras, dijo Alexandra, terapeuta de un centro de salud comunitario. "Una de las consecuencias impresionantes de la violencia doméstica son los efectos duraderos en los niños que crecen en estos hogares, caminando sobre cáscaras de huevo y viviendo con temor a los conflictos durante su vida adulta. A menudo esto afecta su propia capacidad de vivir la intimidad en relaciones con amigos y parejas románticas."

Como se comentaba anteriormente con la segunda pregunta, los comportamientos violentos y controladores existen en un continuo relativo en muchas familias. No es raro ver que los padres miran hacia atrás, en su infancia, ven algún conflicto entre sus propios padres y no analizan el impacto que la vivencia de dicho conflicto puede tener por años. Es como el ejemplo clásico de la rana en la olla de agua que poco a poco llega a hervir. Aunque son pocos los que mueren por vivir en un hogar donde hay violencia doméstica, el aumento gradual del estrés puede llevarse a traumas.

OCHO: *¿Algún miembro de su familia sufría de depresión o estaba mentalmente enfermo? O, ¿alguien en su familia intentó suicidarse?*

Crecer en un hogar con una persona que sufre de una enfermedad mental no tratada puede ser emocionalmente traumático y el continuo de esta pregunta cubre todo: desde alguien que está deprimido por un corto período de tiempo a un progenitor que dice semanalmente: "si no vienes directo de la escuela a casa, me voy a suicidar."

"Para los niños que crecen con un miembro del hogar que sufre de problemas de salud conductual sin tratamiento (o en algunos casos, tratados), hay una sensación de no saber nunca a quién vas a encontrar al volver a casa -dice Lilli, terapeuta en un centro de salud escolar. Como adultos, estos niños todavía pueden tener dificultades con sus vínculos personales, estrés postraumático o no poder confiar en que una relación pueda ser estable."

No es fácil reunir datos sobre el porcentaje de padres con problemas de salud mental, pero podemos reunir suficientes datos de diferentes fuentes como para concluir con seguridad que los niños que crecen en hogares donde los padres luchan con enfermedades mentales sin tratamiento o mal diagnosticadas pueden sufrir graves adversidades en el futuro.

NUEVE: *¿Tus padres se separaron o divorciaron?*

El divorcio es bastante común y ampliamente aceptado como normal y, en algunos casos, puede ser que no cause demasiado trauma de larga duración. La urbanidad general de los padres y la edad de los hijos son sólo un par de factores a considerar. A veces, sin embargo, las cosas pueden volverse muy desagradables y dejar marcas duraderas. Esta pregunta tiene como objetivo averiguar dónde se encuentra la gente en términos de pérdida, culpa o miedo intenso porque, incluso en circunstancias relativamente ideales, el divorcio puede ser difícil para los niños durante un largo tiempo.

"Muchos de los hijos de mis pacientes vienen a terapia sin las palabras para describir el dolor que sienten por el divorcio de sus padres -dice Amanda, una consejera en un centro de salud comunitario. Un paciente, un chico de 14 años, empezó a hablarme de la cena con su padre. Dijo, de una manera muy concreta: 'Papá dice que puedo quedarme el fin de semana porque mamá se preocupa más por su novio que por mí'. Este chico estaba en conflicto, confundido y ansioso cuando sus padres se hacían estos menosprecios. Se sentía cercano y amado tanto por su padre como por su madre, pero estos comentarios impactaron su capacidad de confiar en sus sentimientos y crearon incertidumbre sobre a quién creer."

Pero los problemas que rodean un divorcio van más allá de lo emocional. Para los padres de bajos ingresos e incluso de clase media puede ser un tren expreso hacia la pobreza; añádale pobres estrategias de adaptación de los padres, enfermedades mentales o, quizás, algún abuso de estupefacientes o alcohol y los niños pueden terminar sin hogar.

DIEZ: *¿Algún miembro de su familia fue a prisión?*

Al igual que el divorcio, un miembro del hogar que va a la cárcel puede afectar a los niños de diversas maneras y producir una amplia variedad de reacciones emocionales. Un miembro de la familia en prisión podría significar dificultades financieras extremas. Podría desencadenar nuevos conflictos en una familia ya acostumbrada a ellos. Los niños cuyos padres han sido encarcelados también pueden presentar tasas más altas de una serie de problemas de salud mental y física.

"Tuve una madre y un hijo en terapia familiar discutiendo el tiempo en prisión de la madre -nos dijo Erica, una consejera de un centro de salud comunitario. La mamá expresó su culpa llorando y su hijo la consolaba. Él, en sus nueve años de sabiduría, le dijo: 'Mamá, yo soy el hombre de la casa y estoy aquí para cuidar de ti.' Esto es un ejemplo de cómo, cuando los padres están en prisión, los niños a menudo pierden su infancia, no sólo asumiendo roles de adultos sino también interrumpiendo o retrasando el desarrollo de aptitudes sociales y el disfrute de la niñez sin responsabilidades de adultos."

Estados Unidos (de trauma)

La Encuesta sobre Experiencias Infantiles Adversas (EIA) se ha utilizado en muchos estados y para sorpresa de nadie, encontramos que partes significativas de la población, probablemente, sufren algún tipo de trauma después de padecer una o más experiencias infantiles adversas. Una vez más, cuanto más sufren las personas, más negativos serán los resultados de la salud esperables. Y la gente presenta muchas EIA; en el estudio inicial de EIA, el 37 por ciento de los participantes informaron sobre al menos dos EIA; eso significa que más de un tercio de Estados Unidos, probablemente esté experimentando una plétora de graves problemas como adultos debido a sus experiencias en la infancia.

En la tabla siguiente, presentamos cinco estados en base a los datos del Sistema de Vigilancia del Factor de Riesgo del Comportamiento (Behavioral Risk Factor Surveillance System; por sus siglas en inglés, BRFSS), un estudio realizado en el año 2009. Aunque Nuevo México, Arkansas, Louisiana, Tennessee y Washington son bastante diferentes en términos de población total, de demografía y tipos de EIA reportados, todavía observamos significativas poblaciones de múltiples EIA en los cinco informes. Podemos decir que estos patrones se aplican al resto del país.

Los datos plantean preguntas que requieren respuestas: ¿Qué porcentaje de los que reportaron más de una EIA buscó atención de salud mental y concurrió a una terapia focalizada en traumas? ¿Cuántos de los que informan de EIA reconocerían que sus hijos también experimentaron EIA? ¿Por qué algunos estados se ven diferentes y qué podemos aprender de aquellos con EIA más bajas? Si profundizamos más en las cifras, ¿descubriríamos que ciertas poblaciones o zonas geográficas están en mayor riesgo de EIA? ¿Podríamos entonces concentrar nuestros esfuerzos en la prevención y el tratamiento de esas poblaciones?

	Población encuestada	0 EIA	1 EIA	2 EIA	3 EIA	4 EIA	5 o más EIA
Arkansas	3.558	46.9	21.0	11.2	7.1	5.9	8.0
Louisiana	8.147	42.6	24.7	12.9	7.7	5.5	6.6
New Mexico	5.271	39.0	21.8	12.6	10.1	7.1	9.5
Tennessee	2.327	43.5	20.8	12.6	8.3	6.2	8.7
Washington	6.926	34.6	23.0	14.6	10.3	7.5	10.1

Nota: Los porcentajes podrían no representar el 100% debido al redondeo.

La respuesta a esta última pregunta es sí. Una vez más, las soluciones se pueden encontrar a menudo en los datos. ¿Qué podría estar pasando en los estados que mantienen a sus residentes lejos de EIA? ¿Existe alguna relación entre las bajas tasas y el fácil acceso a tutorías preescolares y juveniles? ¿Tienen disponibilidad inmediata de atención de la salud física y mental? Un poco de investigación en los estados que están funcionando bien podría ayudarnos a encontrar maneras de ayudar a los estados que están lidiando con el tema.

Los primeros pasos

Obviamente podríamos intentar desglosar los datos más en profundidad (y lo haremos más adelante) pero, por el momento, dejemos que esta información decante: existe la posibilidad de que usted viva en un estado donde una gran mayoría de sus compañeros residentes haya tenido al menos una EIA. Y mientras que se le podría restar importancia (creemos que injustamente) como tal vez sólo un divorcio o un progenitor que tenía un problema "menor" con la bebida (si existe tal cosa), considere esto: alrededor de una quinta a una cuarta parte de sus compañeros residentes en su estado probablemente tuvo dos o tres EIA. Siga adelante y revise la lista de EIA de nuevo y mire si puede elegir tres que -en conjunto- no dejen una marca perjudicial. Es fácil ver cómo algunas personas podrían ser capaces de enfrentar, con la ayuda adecuada, al menos tres EIA; pero es igual de fácil imaginar cómo podría empujar poco a poco a otros al fracaso académico, a relaciones destructivas, al uso indebido de drogas y a la incapacidad de mantener un trabajo estable y, no hablemos de estar programado para repetir el ciclo generación tras generación.

Y si eso no se ha convertido en algo suficientemente incómodo, considere que la tasa de personas con cuatro o más EIA está en el medio de su adolescencia. Proyecte ese porcentaje simplemente al estado de California y estamos frente a 6.6 millones de personas, aproximadamente lo equivalente a la población del área de la Bahía de San Francisco entera. Todos están en grave riesgo para ellos mismos y para otros, y son demasiados como para ocultarse de ellos.

La indignación sería una respuesta totalmente apropiada a esta evaluación de los datos del problema del trauma infantil de los Estados Unidos y, en estas páginas esperamos haber ya provocado una porción saludable de esa indignación. Pero si algo hemos aprendido del caso de Ana es que esto por sí solo no es suficiente. Como sociedad, somos ya bastante buenos en la indignación y la hemos perfeccionado en una algorítmica ciencia, cortesía de las redes sociales. Se convierte parte de un ritual calmante que realizamos después de una tragedia cuyo último paso es el retorno a una serena ignorancia.

Esto no es algo que podamos permitirnos, así que ¿cómo sería la real acción contra este problema? Primero, no asuma que sus gobiernos locales o estatales se estén ocupando de esto. Tampoco puede asumir con seguridad que los "proyectos de prevención de EIA" locales con sede en organizaciones sin fines de lucro estén realmente involucrados en un trabajo basado en datos, al menos todavía no. Algunas organizaciones están haciendo el trabajo, increíblemente importante y a largo plazo, de aumentar el acceso a la atención que remedia el trauma en las escuelas (los felicitamos). Otros grupos están todavía sólo organizando talleres para alumnos de cuarto grado sobre compartir sentimientos, rogando que el aumento del conocimiento de los niños de alguna manera disminuya los comportamientos de sus padres que conducen al trauma y maltrato (no lo hará). Algunas personas de buen corazón y bien intencionadas podrían participar en algunos debates interesantes en conferencias de salud, organizar programas de conferencias o de algún modo comenzar a enfrentar la situación, pero es improbable que se esté trabajando en algo estratégico o que involucre todo el sistema en su área. El "plan" puede verse como un solo trabajador de salud pública a tiempo completo designado como coordinador oficial estatal de EIA, sin presupuesto ni personal. Esta persona no estará haciendo un trabajo de cambiar sistemas basados en datos ni siquiera podrá abogar por ello (no sea que él o ella rompa la regla tácita de "te quedarás fuera del alcance de los medios de comunicación" de muchos organismos del gobierno). Puede recaer en usted y en los amigos y compañeros de trabajo que usted pueda reunir para impulsar a su comunidad y lugar de trabajo hacia incluso el primer paso de reconocer el problema. Cada pueblo tiene que trazar una línea metafórica en la arena y decir: "ya basta", pero el primer paso de ese viaje requiere que mucha gente simplemente sepa que el problema existe.

DIARIO DE DOM

Sabemos que toda esta conversación sobre "concientización" parece plática sin consecuencias (casi un cliché), pero estamos seguros que unas pocas conversaciones informales y una breve búsqueda en Internet de quién está trabajando en EIA en su ciudad son un buen primer paso para impulsar a que otras personas se preocupen, especialmente los legisladores y los apoderados de nuestros principales organismos gubernamentales encargados de la salud y la seguridad de nuestros hijos.

Durante la epidemia del SIDA, pasaron muchos años antes de que los gobernadores o un presidente comenzaran a hablar de ello. Era un tema incómodo y probablemente hubieran preferido evitarlo. Al principio, la gente de las comunidades actuó amablemente, pidiendo ayuda a los líderes de las ciudades y, más tarde, actuó con dureza, protestando con fuerza e implacablemente en los municipios y en las oficinas federales. Podemos y debemos hacer lo mismo. Las EIA no desaparecerán siendo amables o incluso razonables. Recuerdo una protesta contra el SIDA en San Francisco en un edificio de oficinas federales donde cientos de personas llevaban guantes amarillos cubiertos de pintura roja. El color de la sangre no se perdió en la policía, ni en los funcionarios del gobierno, ya que entonces no había cura para el SIDA, ni una prueba del VIH. La infección era real.

En ese entonces, las manifestaciones eran semanales, pequeñas y grandes. Carteles de "Silencio = Muerte" estaban en todas partes. Me pregunto si se necesitarán estrategias de enfrentamiento, manifestaciones y un tipo de mensajes callejeros y en el internet que den en las narices para que nuestros legisladores aborden esta epidemia del trauma infantil? Sé que tenemos que ser cuidadosos comparando el SIDA con EIA. Lo hago con inquietud. Sin embargo, existe una sensación de urgencia real. Las democracias no funcionan con piloto automático y los políticos que lideran esfuerzos por el cambio, probablemente necesiten del activismo implacable de personas como usted.

Nuestra herencia de horrores: las complejas, caóticas e invisibles causas fundamentales del trauma infantil

La historia de Ana

La historia de Ana no desaparecía de la maquinaria de los medios de comunicación del estado. Los antecedentes de su madre, Casandra, fueron examinados desde todos los ángulos. Emergió un flujo de historias escabrosas ilustradas. Pero en lo que los medios de comunicación no se centraron fue en cómo Casandra -y gente como ella-, fue configurada desde su nacimiento para fracasar como madre. Tampoco hubo un examen detallado de los problemas sistémicos dentro de bienestar infantil que requerirían un enorme compromiso por parte del gobernador y los legisladores para financiar un cambio real, sustentable y efectivo. Si hubiera habido más indagaciones, podría haberse descubierto que la misma Casandra creció en un hogar violento, huyó de su casa a los 14 años, comenzó con una grave adicción a la metanfetamina, quedó embarazada a los 17 años y de nuevo a los 19 años, perdió la custodia de esos dos niños -en otro estado- antes de quedar embarazada a los 24 años de Ana. Tal situación no sorprendería a nadie en las profesiones del bienestar infantil. Si los sistemas hubieran sido diferentes, tal vez Casandra habría recibido atención de salud mental como adolescente y muchos de estos problemas podrían haberse evitado por completo.

¿CÓMO PODEMOS ENFRENTAR hábitos destructivos tan antiguos como el tiempo?

A modo de respuesta, vamos a empezar con una pregunta clave sobre el mal café en la oficina: ¿por qué existe? En serio, queremos saber.

Llevamos a cabo un programa de Líderes en el Trabajo de Datos y Mejora de la Calidad para profesionales de bienestar infantil que enseña el fino arte de recopilar datos y otra información y utilizarlos para cambiar la situación en sus trabajos y, por consiguiente, en las vidas de los niños. Pero siempre empezamos con este acertijo del café como un ejercicio rompehielos. Es una de esas lluvias de ideas en grupo donde la gente dice cosas en voz alta y las anotamos en un gran pedazo de papel blanco.

Por lo general, las respuestas salen rápidamente: alguien trajo café malo, la máquina no funciona, el agua es mala, las tazas no se limpian correctamente, la persona encargada de comprar café sólo bebe té y no sabe nada de café.

Estamos tratando de divertirnos un poco, por supuesto, pero el objetivo general es serio. Lo que estamos haciendo aquí es un análisis de las causas profundas, algo que uno esperaría fuera parte de cada medida adoptada por sectores cruciales del gobierno (pero usted se equivocaría). El análisis de causas fundamentales es una parte esencial de la solución de cualquier problema -incluso el mal café- pero a menudo se pasa por alto.

Nuestro problema aquí son las experiencias infantiles adversas y los muchos problemas que a su vez causan. Entonces, ¿cuáles son sus causas principales? ¿Cómo es que la humanidad -que depende tanto de los esfuerzos armoniosos de grupo para compensar la realidad de que no somos los animales más rápidos, grandes o más resistentes del planeta-, de alguna manera aguanta e incluso se adapta a prácticas que parecen obstaculizar el progreso? ¿Cómo una especie que prospera en todo aquello que es social tolera prácticas que hacen difícil llevarse bien entre sí? ¿Qué hay realmente detrás de esta epidemia y qué factores debemos considerar (no resolver todavía) para planear nuestra salida de esta situación?

Causa fundamental Uno: Una larga historia de violencia

No hace mucho, nos encontramos con una horrible historia policial en una revista. Un pobre tipo fue golpeado en su cráneo y luego fue inmediatamente arrojado en una cueva. ¿Le suena familiar? ¿Tal vez algo similar sucedió en las montañas cerca de su ciudad?

En realidad, es una broma: estamos hablando de la víctima de asesinato más antigua del mundo, un caso que tiene 430.000 años. Nuestra fuente de información era la revista National Geographic, pero podría haber aparecido en su periódico local y ese es el punto.

Hemos estado en esta cuestión de la violencia durante mucho tiempo. Al igual que nuestros primos primates más cercanos: en la década de 1970, Jane Goodall documentó una famosa guerra de cuatro años entre facciones de chimpancés que incluía todo tipo de asesinatos y caos. Baste decir que si uno pusiera al azar a un humano de hace cuatro mil años en una máquina del tiempo y lo transportara al día de hoy, probablemente se sorprendería por nuestras pantallas táctiles y Skype y las ilimitadas reservas alimentarias. Pero lo único que le parecería anormal sobre el genocidio de Ruanda serían los machetes de acero inoxidable pulidamente fabricados.

A veces, la violencia es doméstica; a veces, es entre dos personas o dos clanes; a veces, se institucionaliza en la esclavitud o en la subyugación de las mujeres; a veces, algo ni siquiera parece violento a los ojos inexpertos. Pero sea cual sea el orden del que estemos hablando está respaldado por amenazas e intimidación: es violencia.

Dejaremos que los biólogos evolutivos decidan por qué la violencia es tan preponderante. Supuestamente, ayudó a nuestros ancestros a sobrevivir lo suficiente como para reproducirse más del daño que hizo. Baste decir que ha sido un asunto muy importante durante mucho tiempo y que es muy probable que afecte a los miembros más débiles de la sociedad, especialmente a los niños. Hay alguna evidencia que sugiere que, en realidad, estamos viviendo en la era menos violenta de la historia humana, pero los viejos hábitos mueren con dificultad.

Causa fundamental Dos: Enfermedades mentales

Dedicaremos un capítulo entero a este tema, pero por ahora vamos a estipular que el cuidado de la salud mental y la concienciación sobre la salud mental están en un estado espantoso. Automáticamente le decimos a alguien con una pierna rota que vaya al hospital, pero somos terribles en reconocer la necesidad de atención de salud mental en nosotros mismos y en los demás.

Una fuerte corriente subterránea de la sociedad parece creer que las enfermedades mentales no son realmente algo para darle importancia o que muestran debilidad o alguna otra estigmatización. Y a menudo las personas que más lo necesitan son las mismas personas que tienen muchos problemas para funcionar en nuestra economía moderna (que es una forma elegante de decir que son pobres y no pueden permitírselo). Con el desastre del seguro de salud en varias etapas de disfunción a través de 50 estados, incluso la gente de clase media lucha para permitirse una terapia a largo plazo. Los programas públicos creados para asegurar que los pobres tengan atención médica generalmente no cuentan con fondos suficientes, lo que significa que hay escasez de prestadores.

Ah, y una cosa más: al igual que con la violencia, la situación es sombría, pero también es lo mejor que haya sido nunca; una abrumadora mayoría de la historia humana fue mucho peor que esto. Una causa profunda, realmente.

Causa fundamental Tres: Los pobres siempre han estado entre nosotros

La pobreza siempre ha sido una característica de la vida humana y un factor de riesgo para el trauma infantil. La pobreza puede ser el síntoma de algún otro problema como, por ejemplo, una enfermedad mental que dificulte ganar dinero. Pero también puede ser la enfermedad: la falta de dinero puede dificultar alimentar a los hijos, puede acabar con los matrimonios y puede llevarle a beber o consumir drogas, lo que lo conduce a la cárcel y, con esto, ya cubrimos cuatro de las diez EIA.

Pero cualquier tiempo pasado fue mucho peor. Actualmente alrededor del 20 por ciento de la población mundial vive en pobreza extrema, pero en 1990 esa cifra era del 40 por ciento y un siglo antes, cerca del 100 por ciento. La estresante existencia de vivir al día era completamente normal durante la mayor parte de la historia humana y esto, probablemente, no ayudó mucho a promover relaciones humanas pacíficas o a desalentar el abandono infantil. En los Estados Unidos lo estamos haciendo relativamente bien en este frente, aunque todavía tenemos miseria en varias zonas e incluso algunos focos de pobreza extrema definida por vivir con 2 dólares al día o menos. Gran parte del resto del mundo, por supuesto, es aún menos afortunado.

Causa fundamental Cuatro: Abusamos y usamos indebidamente estupefacientes o alcohol

La adicción puede conducir a la violencia y, nosotros, los humanos, hemos estado abusando de drogas durante mucho tiempo. El alcoholismo incluso aparece en la Biblia y algunos científicos argumentan que la principal razón por la que dejamos de ser cazadores-recolectores fue para facilitar el cultivo de grano para producir cerveza. Probablemente ayudó a fomentar un sentido de comunidad pero la desventaja fue muy seria.

Causa fundamental Cinco: Somos demasiado adaptables por nuestro propio bien

Tendemos a pensar que cualquiera haya sido el modo en que nuestros padres nos criaron, era perfectamente normal y perfectamente saludable. Y debido a que tendemos a pensar muy bien de nosotros mismos, también tenemos la capacidad de desestimar todo tipo de comportamiento insano que nos hubieran infligido ("Me golpearon cuando era un niño, pero salí bien..."). Hoy en día y en la Edad de Bronce, todavía somos criaturas sociales y si los "inputs" son malos, los "outputs" probablemente serán malos; sin embargo, esto no suele evitar transmitirlos a la generación siguiente. La evolución no requiere perfección. Requiere ser lo suficientemente bueno como para hacer copias.

Hablando de hacer copias...

Causa fundamental Seis: Adolescentes sin recursos que tienen hijos

La tasa de embarazos de adolescentes en los Estados Unidos ha disminuido sostenidamente durante las últimas décadas. Sin embargo, todavía tenemos una tasa sustancialmente más alta que otras naciones industrializadas. Más allá de cuál sea su opinión sobre el control de la natalidad, los costos sociales y económicos del embarazo adolescente son enormes. Los hijos de madres adolescentes de bajos ingresos tienen más probabilidades de abandonar la escuela secundaria, tener problemas de salud, ser encarcelados y continuar el ciclo como padres adolescentes. (Suena como una EIA, ¿no?). Todo esto suma costos significativos para usted, Ciudadano X que Paga sus Impuestos..

Mientras tanto, los que viven en condiciones socioeconómicas más desfavorables, son los más propensos a convertirse en madres/padres adolescentes. Y adivine, ¿quiénes están expuestos al mayor riesgo?: los mismos niños que estamos tratando de proteger. Y los menores que están en hogares de guarda tienen más del doble de probabilidades de quedar embarazados que los que no lo están.

Causa fundamental Siete: Familias extensas débiles

El viejo dicho que afirma que se necesita una aldea para criar a un niño es verdadero. Cuando los niños tienen acceso a una red saludable de adultos que no son sus padres, tienden a estar más adaptados y equilibrados. Tienen más conexiones laborales y oportunidades de recreación saludable y enriquecedora. Los padres que tienen acceso a esta red también reciben más apoyo: tienen hombros sobre que llorar, expertos con quienes intercambiar opiniones, acceso a ropa perfectamente buena en la que otros niños han crecido y una sociedad de ayuda mutua informal para el cuidado de los niños.

Esta es la única extraña área donde los humanos pre-modernos podrían haber tenido ventaja respecto al mundo moderno: vivían en espacios reducidos, a menudo con tres o cuatro generaciones bajo el mismo techo, y bien puede haber habido otros sustitutos parentales alrededor para ofrecer asesoramiento y modelos de mejores alternativas. Las madres solteras no estaban aisladas, eran simplemente absorbidas en el grupo y la crianza de los hijos se parecía más a una empresa colectiva.

No estamos diciendo que vivir en unidades familiares extensas impida las EIA pero parece razonable asumir que los niños tienen más oportunidades cuando son monitoreados por más de un par de ojos.

Causa fundamental Ocho: En estos días, somos más individualistas que comunitarios

Quizás nuestra riqueza sea la culpable. Las clases medias y altas pueden mudarse todo el tiempo, lo que debilita los lazos con las familias extensas e implica que lleguemos a grandes ciudades nuevas con pocos amigos. Parece haber una correlación entre dinero y total rechazo a la religión, una fuente comunitaria históricamente popular. No tenemos demasiados niños, por lo que las reuniones familiares pueden caber en apartamentos pequeños. (En muchas culturas pasadas y presentes, las reuniones familiares serían una idea absurda, ya que suceden todo el tiempo en el curso normal de la vida). Y somos increíblemente diversos lo que, según alguna evidencia, reduce la confianza social. Además, la búsqueda de la felicidad es algo así como una religión nacional, pero en realidad no llega a los oídos como algo que se logre en un grupo grande.

Todo ello obstaculiza el progreso en la esfera del bienestar del niño. En pocas palabras, hacer algo para ayudar a los niños requiere gastar tiempo y dinero en personas que no conoce y que a menudo no se parecen a usted. Todavía hay un buen argumento de que hacerlo es en su propio interés pero hace que sea más difícil de vender. Niños buenos son criados en comunidades pero cuando surgen propuestas para hacer que la sociedad en general se parezca más a una familia extendida, el primer instinto político de conservadores y de no pocos liberales es decir: "no es mi hijo, no es mi problema".

No tiene por qué ser así, por supuesto. Primero, tomemos un ejemplo predecible de un Estado de bienestar europeo generoso: Suecia opera con un modelo de bienestar social para todos; el Gobierno se asegura de que todos los ciudadanos tengan acceso a los servicios básicos, independientemente de su capacidad de pago; hay atención médica universal, licencia por maternidad o paternidad, asistencia social generosa, seguros de desempleo y todo tipo de otros apoyos.

Y su éxito es obvio: cuatro por ciento de las mujeres suecas tienen un bebé antes de los 20 años, pero esa cifra es del 22 por ciento en los Estados Unidos. Suecia tiene una de las mayores expectativas de vida en el mundo y se encuentra frecuentemente en lo más alto de las escalas de "calidad de vida" o de las listas de "los mejores países".

Pero este no es un fenómeno limitado al tipo de países europeos que a los liberales les gusta citar con nostalgia en los libros sobre los problemas que enfrentan los niños. También se puede ver en el estado mayormente del Partido Republicano o "rojo" de Utah, donde la Iglesia de Jesucristo de los Santos de los Últimos Días opera un sistema de bienestar paralelo que trabaja mano a mano con el estado, algo que parece amortiguar la oposición habitual a los programas sociales. La religión ordena el diezmo para sostener todo esto y, suele ser una gran cosa para ayudar a los más desafortunados.

Más allá de eso, los mormones tienden a enfatizar la comunidad y las familias de apoyo más que la mayoría de las religiones. Las funciones oficiales de la iglesia se suspenden todos los lunes para alentar la Noche En Familia, una tradición semanal en la que las familias comparten el tiempo combinando educación religiosa y actividades tales como juegos de mesa. La definición de "familia" también es bastante liberal y los jóvenes mormones solteros que viven fuera del hogar, también tienen la oportunidad de reunirse con familias de compañeros.

Los resultados son a su vez impresionantes: el estado tiene algunas de las mejores tasas de movilidad ascendente en la nación. Salt Lake City logró nada más y nada menos que eliminar la situación crónica de personas sin techo.

Causa fundamental Nueve: los programas de Bienestar Infantil son relativamente recientes

La idea de que el bienestar infantil podría ser una fuerza motriz detrás de organizaciones formales tiene poco más de 100 años, un mero parpadeo de ojos en la larga historia de la humanidad. En la publicación The New Yorker, en 2016, Jill Lepore escribió sobre uno de los primeros casos de alto impacto que estimuló una acción más organizada:

> En 1874, en Nueva York, el periódico Times informó que una niña llamada Mary Ellen Wilson fue "rescatada" de su casa por una trabajadora de la caridad cuyo marido resultó ser reportero de un periódico. El rescate fue posible gracias a la ayuda de la Sociedad para la Prevención de la Crueldad con los Animales. Este y otros casos impulsaron la fundación de la Sociedad para la Prevención de la Crueldad contra los Niños que hizo por los niños lo que su organización hermana hacía por los animales. "Las listas de 'niños salvados' se archivaban junto a las listas de 'perros rescatados". [La historiadora] Judith Sealander (...) argumenta que la historia del bebé muerto tuvo tanto impacto porque la mortalidad de bebés y niños estaba cayendo rápidamente. "Antes de principios del siglo XIX, el niño promedio era el niño muerto, -escribe Sealander. Durante la mayor parte de la historia humana, probablemente siete de cada diez niños no vivieron más de tres años."

Intentemos por un momento aplacar cualquier ira personal que podamos sentir acerca de una Sociedad para la Prevención de la Crueldad Animal creada con anterioridad a una para la Prevención de la Crueldad hacia los Niños. Numerosos grupos de personas se unieron con el simple mandato de encontrar niños heridos y hacer algo al respecto y eso, fue un progreso excelente. Organizaciones voluntarias como esta se extendieron por todo el país, sus miembros intervenían a favor de los niños como podían y, ese fue el sistema durante muchos decenios, para bien o para mal. Como es de esperar, estas pequeñas sociedades no tenían la capacidad de hacer un trabajo integral y no cubrían muy bien las zonas rurales; por lo cual eventualmente, los estados se movilizaron para poner en manos del gobierno la protección de los niños, algo que realizaron plenamente recién en los años 1960s.

Eso puede parecer suficiente tiempo para haber resuelto el problema pero, tristemente, creemos que no lo es. Es un problema mucho más complejo que, por ejemplo, construir y mantener carreteras: requiere mucha coordinación con otras entidades gubernamentales, lo cual nunca es fácil; las epidemias de drogas y las fluctuaciones económicas pueden cambiar drásticamente la naturaleza del desafío de una manera totalmente diferente a los problemas que enfrenta el departamento de parques estatales; y los propios departamentos son a menudo tan desatendidos por los gobiernos estatales como los niños que parecen ayudar.

¿Es lamentable decir que una burocracia de 50 años todavía está aprendiendo sobre la marcha? Sí, pero es también verdad. Son grandes organizaciones en expansión y, aunque son mejores que las sociedades de voluntarios, todavía están sujetas a guerras de territorios, pensamiento encasillado, mala coordinación y buena gente trabajadora que sin embargo no es escuchada por los de arriba que, en algunos estados, valoran las corazonadas más que las evidencias reales.

Causa fundamental Diez: Los seres humanos no so buenos en problemas como este

Obviamente, lo que necesitamos aquí es una respuesta sumamente coordinada, flexible e innovadora que evolucione sobre la marcha, lo mejor que sea para ayudar a todos nuestros niños. Sin embargo, esto es más fácil decir que hacer. Francamente, los humanos son terribles para hacer este tipo de cosas, especialmente cuando actúan a través de sus gobiernos y esa es una razón por la que no lo resolvimos hace cientos de años y todavía no lo hemos hecho hoy.

Frente a una amenaza evidente, tangible y comprensible, rápidamente nos unificamos, nos reunimos alrededor de nuestros líderes y hacemos lo que podamos para matar a los leopardos que amenazaban a nuestros ancestros o derrotar a los poderes del Eje de la Guerra Mundial II o construir un refugio para las víctimas de la inundación. Somos muy buenos en eso y nos encanta hacerlo. Cuando las temperaturas se vuelven peligrosamente frías, ponemos todas las manos a la obra para sacar a los sin techo de las calles. Cuando ocurre un desastre, corremos a la escena y ayudamos y aquellos que no pueden, abren fácilmente sus billeteras y organizan conciertos benéficos.

Pero esa es la parte fácil. ¿Qué hacemos por las personas sin techo el resto del año, cuando hace frío pero no un "frío asesino"? No mucho. ¿Y qué hacemos para asegurarnos de que el impuesto que prevendría ese desastre funcione bien? (pregúntele a Nueva Orleáns). Por cierto, ¿qué hacemos ante un problema climático que nos hace sentir como si tormentas terribles fueran comunes? Una vez más, no mucho. Esos son problemas complejos, a veces invisibles, que requieren mucha reflexión y coordinación y carecen de un punto final definitivo e impactante. Esos son el tipo de problemas ilógicos y lentos en los que no somos buenos.

Eastman Kodak vio que se venían las cámaras digitales pero fracasó en adaptarse. Sears vio venir a Amazon pero no se adaptó. Y aunque sin duda se puede ver la vejez venir, probablemente usted no tiene suficiente dinero ahorrado para su jubilación.

Los gobiernos no son diferentes. Son bastante buenos haciendo tareas simples y repetitivas con mediciones de éxito muy visibles y obvias. Todos los días, confiamos al servicio postal cartas personales, importante comunicación legal, cheques de sumas importantes y, en general, esos artículos llegan a su destino sin demoras indebidas, todo por una de las tasas de franqueo más bajas del mundo desarrollado. La oficina postal sigue haciendo lo mismo una y otra vez y, a pesar de las quejas ocasionales sobre las filas, seguimos usándolo, porque es eficiente y confiable. Por otra parte, podemos inscribirnos en un plan de seguro médico inmensamente complejo en Healthcare.gov en una hora o dos e, incluso, allí mismo planear una elaborada ayuda financiera. Y cuando los militares quieren, pueden deponer cualquier régimen extranjero que esté en el lado contrario al presidente.

Todas estas son tareas inmensamente complejas, sin duda, pero el objetivo general es simple y actúa como un poderoso organizador. Lleve esta carta del punto A al punto B. Haga corresponder la búsqueda de un ciudadano americano con una compañía de seguros. Mate a tal tipo en el palacio. Lo hemos hecho todo antes, sabemos cómo hacerlo de nuevo y todos sabemos cómo se ve la victoria. No hay mucho para discutir.

Pero pídales a esas mismas organizaciones que innoven, que hagan cosas contra el sentido común y que evolucionen en circunstancias cambiantes y las cosas se ponen difíciles bastante rápido. La oficina de correos ha estado tratando de averiguar cómo adaptarse a volúmenes de correo más bajos desde hace muchos años, pero los varios sindicatos y dirigentes políticos han estado peleando sobre cómo hacerlo, por lo que el problema principal sigue sin resolverse. Los militares derrocaron eficientemente al gobierno de Iraq pero les fue mucho más difícil conseguir que un país altamente sectario (con pocos grupos de la sociedad civil o normas democráticas) se uniera después del hecho. Y si bien Healthcare.gov actualmente funciona bastante bien, todos recordamos el caótico lanzamiento.

De las causas fundamentales a un plan: ¿por qué la luz del sol es el mejor desinfectante?

Disponemos de los datos para mostrar que todos pagamos un dineral por el trauma de la infancia, ya sea en forma de un alto puntaje de EIA en nuestro propio pasado, una factura de impuestos más alta o una menor calidad de vida. Con el dominio de todos los medios - incluyendo la televisión tradicional, la radio y la publicidad callejera, además de las redes sociales-, podemos difundir este mensaje y educar a la gente del mismo modo que con el abuso de drogas, el reciclaje y las campañas políticas más eficientes. Los esfuerzos de Twitter e Instagram y Facebook, junto con la popularidad y la eficacia de los vídeos cortos y las infografías, pueden contar esta historia de maneras sorprendentemente detalladas y estimulantes.

Pero son noticias viejas: ya sabíamos que podíamos enviar un mensaje con la organización adecuada. Es sólo una cuestión de conectar hábilmente los puntos y empujar la tecnología a su máximo potencial. La pregunta es qué hará la gente con la información. Con muchas dificultades, sabemos que un mensaje como "Por favor, preste atención, porque esta situación es horrible" no funciona muy bien. Pero el mensaje aquí debe ser: "Por favor, cuidado, porque es una amenaza directa para usted y su dinero" y así tenemos más probabilidades.

Baste con mirar la reacción al Zika y al virus del Ébola para tener motivos de optimismo. Ambos generaron una inmensa preocupación mundial y la obtención de recursos para resolver el problema. ¿Pero por qué? ¿Preocupados por los pobres bolivianos o liberianos? Imposible. Nos importaba tanto porque temíamos que el Zika pasara de ser un problema en Santa Cruz, Bolivia, a ser un problema en Santa Cruz, California. Nos sentimos conmovidos con los pobres residentes de Monrovia, Liberia, durante el brote de ébola, por supuesto; pero la razón por la que gustosamente destinamos recursos en el país se relacionó más con no querer que el brote se extendiera al condado de Monroe, Illinois.

¿Es eso cínico? Tal vez, pero no nos importa. Los humanos son más propensos a actuar cuando perciben una amenaza. Con el trauma de la infancia, ahora tenemos la información para hacer visible esa amenaza. Si los ciudadanos y sus medios de comunicación pueden hacer que todos se den cuenta del ancla que les cuelga del cuello del los afortunados, somos optimistas de que podremos hacer algo para ayudar a los afligidos.

51

Un bebé, una habitación de motel y una pila de agujas: Cómo programamos una institución vital para el fracaso

La historia de Ana

Todos cometemos errores, pero cuando los Servicios de Protección de Menores cometen un error puede costarle la vida a un niño. Aunque raramente, las muertes de niños pueden ser la causa directa del error de juicio de un miembro del personal. Podría ser el resultado de archivos perdidos o incompletos, un caso que se transfiere a otros funcionarios sin suficiente información o simplemente tener una semana muy distraída con un millón de otras tareas urgentes que terminar. Como ex empleados de bienestar infantil, hemos colaborado con algunos de los colegas más nobles y más trabajadores que jamás hayamos encontrado. Pero también sabemos que casos como el de Ana, en distinta medida, ocurren con excesiva frecuencia en demasiadas comunidades. Y eso nos preocupa profundamente.

SUSANA ESTABA DORMIDA mientras las agujas del reloj inclinaban las horas hacia la una de la madrugada cuando sonó el teléfono. El Centro de Ayuda Telefónica del Servicio de Protección de Menores estaba del otro lado de la línea y le pedía que fuera de inmediato a un motel cerca del aeropuerto. La policía ya había llegado y la estaría esperando.

Cuando Susana llegó al estacionamiento, vio que un coche patrullero estaba bloqueando una vieja furgoneta estacionada frente a una habitación. Afuera, una madre (a quien llamaremos Laura) gritaba y hablaba por teléfono: "Tienes que venir ahora, Ed", dijo. "¡Vuelve aquí!". Ella arrastraba sus palabras, debido a alguna droga todavía desconocida o, más probable, drogas.

Dentro de la lúgubre habitación de motel, una niña de cuatro años cuyo nombre era Jen estaba sentada en una silla, mirando como si ya hubiera pasado su hora de ir dormir. Y en el baño: un bebé (a quien llamaremos Lizzy) lloraba en una sillita de auto que estaba colocada sobre un despliegue de jeringas desparramadas alrededor de ella en el piso.

El trabajo de Susan como investigadora del Servicio de Protección de Menores -a esta hora tan tarde que era casi temprano-, era determinar, en consulta con la policía, si los niños debían ir directamente en custodia preventiva o con algún miembro de la familia. Ed resultó ser el padre, pero en poco tiempo fue obvio que no vendría. Claramente, Laura, en ese momento, no estaba en un estado como para hacer de madre. Susana pasaría el resto de la noche y buena parte de la mañana tratando de localizar familiares y, después de no encontrar uno adecuado, de contactar una lista de padres de guarda sobrecargados, con poco apoyo; todo esto lo hacía con el objetivo de encontrar un lugar seguro donde los niños pudieran ir. Así comenzó, para ella, otro día en la oficina.

Así es cada hora de cada día y cada noche. Mientras usted lee esto, en algún lugar de Estados Unidos de América, algo horrible como esto está sucediendo: algún equivalente a Lizzy, en el asientito de auto en el piso del baño de un hotel, rodeada de jeringas.

No se necesita licencia para tener hijos y no hay ninguna autoridad que rutinariamente chequee a la gente para asegurarse de que no estén arruinando el trabajo espectacularmente. Pero de vez en cuando, la situación se pone tan mal que nosotros, como sociedad, decidimos que es hora de intervenir y esa intervención toma la forma de enviar a gente como Susana a lúgubres habitaciones de hotel en medio de la noche. Como hacemos con los policías, juntamos un montón de problemas insolubles de los rincones más complejos de la sociedad, se los pasamos a algún burócrata y le decimos: "Aquí, encárgate de esto". Mientras tanto, el resto de nosotros nos libramos fácilmente, furiosos como lo hacemos contra las madres irresponsables, los padres perezosos, las drogas o, tal vez todo un grupo étnico y luego decimos: "suficiente por hoy".

La investigadora Susana sabe que la ira no encontrará un hogar permanente y seguro para las niñas por lo que debe involucrarse en una investigación prolongada repleta de decisiones, informes y entrevistas que realmente se reducen a una simple pregunta: ¿Estos niños vivirán con sus padres o no?

Por supuesto, en situaciones normales, los niños están mejor en el hogar familiar. Los vínculos que formamos con los padres son potentes y está casi garantizado que romperlos traerá consigo consecuencias mayores. Los niños alejados de sus padres tienen todo tipo de problemas de relaciones con otras personas -lo que llamamos formalmente apego emocional- y esos problemas pueden continuar por décadas. Esto limita seriamente su capacidad para construir sus propias familias saludables, ganar dinero, construir capital social y en general, ser felices.

A su vez, llevar a los niños en custodia, también les causa trauma. Los hogares de acogida suelen ser escasos y los hogares colectivos son una pobre imitación de la vida familiar que todos los niños necesitan. El proceso, incluso con un sistema de bienestar infantil bien dotado de recursos, añade más gotas que colman el vaso de la salud emocional en los niños ya traumatizados.

Lo que complica aún más las cosas es la cuestión práctica del contragolpe que puede generar la detención de niños. A los padres les suele desagradar, por decir poco, y están muy dispuestos a involucrarse en una prolongada lucha legal para recuperar la custodia. También puede causar problemas políticos, dependiendo de lo bien que los padres conozcan personas influyentes. Y por supuesto, llevar niños bajo custodia aumenta la cantidad de niños bajo custodia, presionando al ya sobrecargado sistema y, posiblemente, atrayendo la atención no deseada de políticos y altos funcionarios. Así que hay todo tipo de razones, buenas y malas, para mantener a los niños donde están, por más que la situación no sea funcional.

Pero luego están las jeringuillas en el piso del baño: un poderoso argumento en contra, por decir poco. Y la base de las decisiones finales en materia de bienestar infantil es siempre la seguridad física en primer lugar.

Por supuesto, es posible que Laura, la madre responsable del sórdido motel y las jeringas, pueda ser persuadida para que se comporte. Tal vez un poco de tratamiento, un poco de terapia y el apoyo adecuado para los padres traerá la estabilidad suficiente para criar a un par de niños lo suficientemente bien y todos podrán vivir al menos un poco felices para siempre. O quizás funcionaría durante un año o dos y luego podría fracasar en otra habitación de motel. Quizás la próxima vez, los niños no tendrían la suerte de vivir.

Sólo una deidad omnisciente conocería realmente la estrategia correcta cada vez. Pero ya que ninguno parece inmediatamente dispuesto a dirigir el programa, le pedimos a gente como Susana que haga conjeturas fundamentadas, basadas en directrices estatales y federales, sobre las circunstancias que ni ella ni nadie puede saber completamente, mientras la vida misma de los niños pende de un hilo. Le pedimos que evalúe qué mal es menor y cómo y cuándo los niños deberían ser alejados de riesgos adicionales. No hay un camino fácil para estos niños en una habitación de hotel con jeringas en el suelo y no hay un camino fácil para Susana, la investigadora. Si bien el alejamiento de los niños de sus familias puede reducir el riesgo de que sufran daños físicos, la colocación de un niño en un hogar de guarda implica repercusiones emocionales y en su bienestar que no son triviales. En cada paso de este proceso, siempre hay posibilidades para el error y, si un error es lo suficientemente grande, existe la posibilidad de que la ira de miles de personas de repente fluya como el agua. Susana es un árbitro, pero esto no es un juego. Y este es sólo uno de los 20 a 30 casos con los que está tratando en un tiempo determinado.

Anatomía de un caso: Al ritmo de un trabajador de bienestar infantil

NOTA: Si bien las directrices federales establecen puntos de referencia y normas, los 50 sistemas estatales de bienestar de la infancia y los sistemas administrados por los condados, pueden operar de manera leve o drásticamente diferente. Los escenarios presentados en este capítulo ofrecen una visión general.

Le presento a Craig, un hombre de 32 años que trabaja para los Servicios de Protección de Menores bajo el título de "investigador". Hace unos años, se graduó con una Licenciatura en Trabajo Social, una carrera que incluye parte de psicología, parte de sociología, parte de derecho y parte de política pública. Él trabaja en un cubículo en una oficina abarrotada en un edificio gris porque los gobiernos estatales están siempre bajo enorme presión para no gastar ostentosamente; el edificio en sí no está ubicado en la peor parte de la ciudad, pero está lejos de las luces del centro.

En otra parte de esta ciudad mediana donde trabaja Craig, una enfermera escolar llama a los Servicios de Protección Infantil para hacer un informe sobre Polly, una niña de tercer grado que parece desnutrida y tiene hematomas inexplicables. Ese informe es tomado por un centro de llamadas central estatal y, luego, enviado al jefe de Craig, quien se lo envía a Craig; Craig lo recibe porque recientemente cerró un caso y su número total de casos es ahora de 15, lo que es casi ideal según la norma de la Liga de Bienestar Infantil de América. Muchos de los colegas de Craig en todo el país, sin embargo, atienden entre 20 y 30 casos. Muchos de los casos que llegan son repetidos pero este es nuevo; por lo cual Craig no cuenta con mucha información salvo los hechos descritos anteriormente y eso implica un proyecto de investigación a fondo. Esta parte del trabajo se parece a una combinación de las tareas de un periodista y un policía de patrulla. Craig entrevistará a todos los involucrados, generalmente en sus hogares; entrevistará a Polly, sus hermanos, sus padres, los novios o novias de sus padres y a cualquier otro miembro de la familia que pueda aportar su perspectiva; también hablará con la enfermera de la escuela y probablemente con la maestra de Polly.

La aparición de síntomas de hematomas y la percepción de desnutrición podría conducir a varias direcciones: el mejor escenario posible sería que hubo varias salidas briosas a un parque infantil de las que Polly no quiso hablar por alguna razón inocente, además de un caso no diagnosticado de anemia; un escenario peor sería que hay una madre o un padre con algún problema de salud mental que los hace pensar que Polly no se merece comida y sigue mereciendo el abuso físico de rutina; y por supuesto, es posible que podría haber numerosos problemas sin descubrir que están amenazando a Polly, esperando que aparezca alguien como Craig haciendo preguntas.

Entre esos dos extremos podrían desarrollarse muchos otros escenarios: las contusiones podrían ser adquiridas inocentemente pero la salud mental y la privación de alimentos sería real; podría ser que la anemia sea real y también lo sea el abuso físico; tal vez la desnutrición sea real pero que sea la consecuencia simplemente de no haber solicitado cupones de comida; tal vez los padres de Polly tengan miedo de solicitarlos porque tienen un abuelo o una abuela indocumentado o indocumentada que vive con ellos y no quieren acercarse a ningún ente gubernamental; o tal vez estén ocupados con diversas adicciones y desarrollando una vida de delito. El trabajo de Craig es averiguar en qué parte de este espectro -entre lo suficientemente inofensivo y lo realmente pernicioso- aterriza la realidad de este caso.

Como suele ocurrir, los moretones podrían no estar relacionados con el abuso físico, pero Polly no está comiendo lo suficiente porque su madre, Jane, no la alimentaría adecuadamente, temiendo que engorde. También como se viera en algunas ocasiones, Jane podría haber encerrado a Polly en un armario durante varias horas como castigo por comer caramelos. La situación es difícil, pero quizás sea reparable. Craig recoge toda la información de las entrevistas, escribe todo, recomienda que Polly sea llevada bajo custodia protectiva y presenta sus conclusiones a un juez de familia, quien ordena la separación de Polly de su hogar. Los trabajadores sociales y sus casos pueden ser el centro del discurso sobre el bienestar de la infancia, pero en realidad todo tiene lugar bajo el paraguas de un proceso judicial. El estado está esencialmente demandando a la madre de Polly quien -junto con los abogados (generalmente nombrados por la corte)-, entre en un proceso formal de resolución de disputas supervisado por un juez.

Con la orden en mano, Craig y un colega o dos aparecerán con la policía en la casa de Polly y se la llevarán. Los padres son típicamente tomados por sorpresa, a pesar de haber sido entrevistados y de saber que esa sería una posibilidad; y pueden gritar, llorar y lanzar todo tipo de abuso verbal a personas como Craig. Aún los padres menos sensibles quedan generalmente consternados ante la intervención del gobierno en llevarse a sus hijos.

Polly probablemente llorará durante toda la experiencia también, ya que es transportada a un hogar de acogida, donde adultos estables que han sido capacitados y han pasado por una verificación de antecedentes están listos para alimentarla adecuadamente y asegurarse de que esté a salvo. El trabajador social tratará de consolarla, tal vez le proporcionará una mochila o ropa limpia. Aunque sea raro en estos días, en circunstancias menos ideales, Polly podría terminar en un orfanato, una especie de dormitorio para niños con ningún otro lugar donde ir que es casi tan poco familiar como suena.

El proceso acaba de comenzar. Jane, la madre de Polly, pronto aparecerá en el tribunal de familia, donde Craig y el juez expondrán exactamente lo que tiene que acontecer si Polly vuelve con ella. Debido a que Jane tiene algunas ideas seriamente irracionales sobre qué es una dieta adecuada, la corte probablemente la obligará a someterse a una evaluación de salud mental. Si en esa evaluación aparece una desconexión crónica de la realidad, puede ser el final de las posibilidades de Jane de recuperar la custodia, al menos por un tiempo. Pero por suerte para Jane (y esperamos por suerte para Polly) después de una investigación adicional, resultó ser que la aversión a alimentar a su hija es una combinación de ignorancia y trastorno obsesivo-compulsivo. El juez ordenó visitas regulares a un terapeuta y Jane cooperó. Para este momento de la historia, Polly ha estado bajo custodia protectiva por una semana.

Lanzamos palabras como "tratamiento" y "ayuda profesional" en el texto pero esas grandes palabras pueden oscurecer una realidad más simple: Jane tenía unas ideas extrañas sobre la nutrición y su condición mental parecía acentuarlas. Ella necesitaba sentarse con alguien conocedor del comportamiento humano y ser protagonista de un tratamiento terapéutico para ayudarla a salir de allí. Craig se aseguró de que tuviera su primer turno y ella siguió concurriendo.

Mientras tanto, el caso es transferido a Liza, una "trabajadora de permanencia" cuya responsabilidad se suele confundir con la de un "trabajador social". Esencialmente, eso significa que Craig entregará este caso a una colega que no se especializa en investigaciones, sino en encontrar la situación de vida permanente más segura para Polly. Liza tiene la tarea de determinar cuál es la mejor opción para la niña: reunirse con su madre o terminar los derechos parentales de su madre e intentar el camino de la adopción. El trabajador de permanencia hará "esfuerzos razonables" para mantener a Polly fuera de la vía de adopción, velando para que Jane reciba los servicios y apoyo que la ayuden a convertirse en una mejor madre.

El trabajador de permanencia también es consciente de una directiva nacional cuyo mandato es que este proceso concluya, de una manera u otra, en un año o menos, si el objetivo es retornar a Polly a casa con su madre. La regla (escrita con la idea de que no tengamos a los niños dando vueltas con un proceso legal estresante durante su entera su infancia) esencialmente dice a los entes de bienestar infantil y a los padres con los que trabajan que, un año es el tiempo disponible para tomar una decisión. Jane tiene ese tiempo aproximado para recomponerse; de lo contrario, el trabajador de permanencia puede hacer que la custodia de Polly sea permanente solicitando al tribunal que ponga fin a los derechos de los padres y la ponga en adopción (idealmente, con la familia de acogida con la que se estuvo quedando).

Si Jane necesita dos años para recuperarse, es posible que no tenga suerte cuando trate de recuperar la custodia. Pero, por supuesto, todo esto depende de una serie de factores como el análisis del caso del trabajador de permanencia, la disponibilidad de padres sustitutos, la política de "finalización de casos" que dicten los altos funcionarios, la calidad del abogado designado por el tribunal para Jane y el juez de familia que escuche el caso.

Cuanto antes los niños puedan lograr la "permanencia", mayor será la oportunidad que tendrán de construir un vínculo familiar con sus padres adoptivos, algo que es fundamental por -las más que obvias-

razones emocionales. La mayoría de las familias, biológicas y adoptivas, ayuda a sus hijos a llegar a la edad adulta, con asesoramiento, apoyo, conexiones para conseguir trabajos, un lugar donde quedarse y dinero; y esto es enormemente útil para la generación más joven. Pero cuando los niños adoptados se convierten en adultos (a los 21 años en algunos estados y a los 18, en otros), ya no están más bajo la custodia del estado. La mayoría de los estados tienen una unidad diseñada para apoyar a los jóvenes que están creciendo fuera de los hogares de guarda y ayudarles a prepararse para la vida adulta. Pero al igual que la mayoría de sus colegas, los trabajadores dedicados a la transición de la juventud hacia la adultez atienden una excesiva cantidad de casos, están mal remunerados y con demasiado trabajo como para proporcionar el apoyo que estos jóvenes necesitan. A esto agregue que la mayoría de estos niños han atravesado una vida llena de traumas y sobra decir que esto no suele salir bien.

Este objetivo tremendamente complejo y cambiante también explica por qué los investigadores y los trabajadores de permanencia deberían tener sólo alrededor de 15 casos en un momento dado; uno podría hacer las rondas y reunirse con 15 personas en una semana, por supuesto, pero el trabajo es mucho más complejo que eso; hay otras entrevistas que realizar, colegas con los que consultar y montañas de papeleo; cada entrevista debe ser documentada, cada comparecencia ante el tribunal debe ser preparada y darle seguimiento a diversos detalles. Multiplique eso por 15 y los trabajadores para el bienestar infantil como Craig son personas muy ocupadas; para complicar los problemas, algunos casos implican a una madre y una hija mientras que otros involucran a miembros de la familia extensa y muchos niños, quizás una docena de personas en total. Esto significa que las cargas de trabajo y la cantidad de casos deben ser examinadas de cerca si se quiere un sistema de servicios de protección infantil eficaz.

Tomó unos meses, pero Jane logró hacer suficientes progresos como para convencer a Liza y al juez de que si Polly volvía, no moriría de hambre. Se bajó el martillo, se tomó una decisión, se firmó una orden, Polly volvió a casa y Liza se mudó de la lista de casos.

Cómo todo sale mal

Por supuesto, así es como se supone que funciona todo en un mundo ideal. Liza y Craig (siempre dedicados servidores públicos) trabajan duro, no están todavía agotados y Jane tiene sólo un gran problema que, por suerte, es tratable. Si bien es un ejemplo útil, en realidad el sistema de bienestar infantil es mucho más complicado.

En escenarios más comunes, investigadores estresados trabajan con pésimo equipamiento bajo procesos inestables en rincones olvidados por el gobierno estatal y sólo son notados cuando uno de los casos que están atendiendo, explota.

Los problemas pueden surgir desde el principio, con la máquina inmensamente compleja conocida como los informes. Es bastante fácil para un civil llamar e informar a los servicios de protección de menores; y si usted no tiene el número, los policías ciertamente lo hacen, pero ¿qué pasa después de que se toma nota de esa información? Muchas cosas, algunas de las cuales son malas. El informe podría estancarse en un sistema informático, sin que se tome ninguna medida, simplemente porque la persona que contestaba el teléfono ese día, no creía que mereciera que se haga algo. Podría existir un procedimiento para revisar minuciosamente y con destreza todas esas llamadas, pero en algunas jurisdicciones, podría ser sólo una cuestión realizada con mucho descuido.

Así comienza la invisibilidad del sistema de bienestar infantil que todo lo que garantiza es su abrumadora disfuncionalidad. Si un par de personas comenzara una pelea a cuchilladas fuera de la casa de la enfermera de la escuela, la llamada a la policía proporcionaría un resultado fácilmente verificable. La policía aparecería y se ocuparía del problema porque de lo contrario, la próxima llamada de la enfermera sería a la oficina del intendente exigiendo saber para qué se pagan todos estos impuestos.

Pero cuando esa misma enfermera llama a una línea directa de los Servicios de Protección de Menores, esa fácil rendición de cuentas se vuelve opaca. Dependiendo de cómo se calificó la llamada (prioridad uno, dos o tres), el investigador llega a entrevistar al niño en cuestión de horas o días o podría retrasarse aún más. La enfermera generalmente no puede seguir el proceso en absoluto.

Los informes también pueden generar aplastantes cantidades de casos para investigadores como Craig. Le dimos 15 casos en esta historia, lo cual es ideal, pero la gente como él trata rutinariamente de repartir su dedicación entre 30 casos o más. Si bien la mayoría de los investigadores podrían tomar algunos casos adicionales y hacer que todo funcione, duplicar la carga de trabajo ideal prácticamente garantiza el fracaso a cámara lenta.

Normalmente no concebimos el trabajo de bienestar infantil de esta manera, pero en realidad es sólo una larga serie de procedimientos y procesos que podrían ilustrarse en un diagrama de flujo. La Tarea A debe completarse antes de la fecha límite B para que la persona C pueda hacer la cosa D. Cuando la carga de trabajo alcanza un nivel frenético, suceden tres cosas: primero, las cosas se frenan, colocando en un limbo a largo plazo lo que debería ser una situación temporal. Segundo, los casos que están ardiendo reciben toda la atención. En tercer lugar, todos esos padres, cuyos esfuerzos de reforma son la parte más prescindible de una rutina diaria que incluye a niños inocentes y jueces con sentido práctico, tienen que valerse por sí mismos.

Si el caso de Polly hubiera sido el caso 30º de Craig, en lugar de su 15º, podríamos esperar resultados muy diferentes. Probablemente se habrían producido importantes demoras en la recopilación de toda la información y en el establecimiento de una fecha para el juicio. La recopilación de información bien podría haber sido menos exhaustiva. Y en lugar de hacer el esfuerzo extra haciendo algunas llamadas telefónicas para asegurarse de que Jane consiguiera un turno en salud conductual, Craig probablemente habría pasado el tiempo apagando incendios en el resto de la cantidad casos o tratando de documentar lo que hizo, porque "si no está documentado, no sucedió".

Todo parece tan burocráticamente mundano, pero los retrasos implican que Polly podría pasar más tiempo en el limbo del cuidado temporal, insegura si ella encontrará un nuevo hogar permanente o si será devuelta a su madre. Si una insuficiente recolección de información involucra un proceso que ya implica una buena cantidad de hipótesis, los retrasos implicarían más suposiciones y menos fundamentos, lo que nunca es ideal, especialmente cuando la salud o la vida de un niño está en juego. Y es fácil imaginar cómo la llamada de Craig a un prestador de salud conductual podría haber sido ese empujón extra que Jane necesitaba. Es una vieja historia de mala documentación que conduce a malos resultados pero es completamente posible que si Liza hubiera estado atendiendo 30 casos, Polly hubiera terminado más traumatizada y en hogares de acogida de por vida, mientras hubiera dejado a Jane languidecer sin el tipo de ayuda que podría volver a encarrilar su vida. En otras palabras, sobrecargar el sistema, significa más vidas destrozadas y menos padres adoptivos disponibles.

Un software versus los problemas de las personas

Hay también un problema básico de software en muchos departamentos de bienestar infantil porque los sistemas utilizados para realizar un seguimiento a través de este laberinto de informes son a menudo tan anticuados (muchos están utilizando los mismos sistemas que se desarrollaron en 1997) que es difícil obtener información, incluso después de haber aprendido las excesivamente complejas reglas. Al igual que una declaración de impuestos, cada problema por lo general tiene una solución, pero es tan abrumadoramente complicado que atrasa las cosas, añadiendo horas al día de Craig que debería estar utilizando para ayudar a los niños. Los sistemas informáticos se parecen un poco a un idioma extranjero, pero si los presentáramos más bien como aprender a hablar en jerga, en lugar de latín, Craig podría utilizar más tiempo haciendo lo que deseamos que haga.

La complejidad a menudo se extiende al resto del grupo y cómo se hace el trabajo colectivamente. Cualquiera que dirija una organización, ya sea en el sector público o privado, sabe lo importante que es que todos los empleados concuerden, con un entendimiento en común sobre cómo se supone que debe desarrollarse un proceso de trabajo, quién hace qué y cuáles son buenos resultados de un proyecto. Sea que se trate del desarrollo de un software o de los esfuerzos para proteger a un niño, un sistema debe ser claramente entendido y transparente para que funcione bien.

En el proceso de ejecutar un programa para un organismo de servicios de protección, empezábamos con la creación de diagramas de flujo de trabajo sencillos para explicar en detalle ese sistema visualmente y en modo claro. Pero llevó meses porque cada vez que entrevistamos a un gerente o trabajador de campo sobre el proceso, tenían una percepción diferente sobre cómo funcionaban realmente las cosas. Finalmente creamos un documento que la dirección firmó pero sólo después de 20 revisiones. Somos conscientes de que "el buen desarrollo del proceso" puede ser la expresión menos interesante alguna vez formulada en papel, pero cualquier cosa menos implica una pequeña pero importante carga financiera a los impuestos, en cada hora de cada día. Y esa carga se impone a los empleados que tienen cosas más importantes que hacer y, en última instancia, a los niños y las familias que necesitan de alguien que los ayude.

Y probablemente no haga falta decirlo, pero nuestro tema favorito de la utilización de datos para pronosticar y prevenir problemas no suele abrirse camino en los sistemas burocráticos con trabajadores sociales con el doble de la cantidad de casos recomendados. Es una pena, por una razón simple y cliché: si no se puede medir, no se puede manejar.

Una vez trabajamos para un departamento de bienestar infantil en una oficina dedicada a la investigación, evaluación y datos lo que nos colocó en una óptima posición para disponer de toda la información sobre dónde estaban nuestros mayores desafíos. Podíamos filtrar los datos en base a características geográficas y demográficas y podíamos averiguar qué oficinas regionales se estaban retrasando. Teníamos la información que podía servir de base para una reforma, pero no teníamos autoridad para promulgarla.

El problema se acentuó a medida que asistimos a conferencias nacionales con nuestros colegas expertos en datos; resultaba que todos estábamos de acuerdo acerca de lo que podíamos observar y de lo que se debía hacer, pero nuestros lugares en el orden jerárquico del organismo no eran lo suficientemente altos como para hacer algo al respecto. Esto provocó una grave angustia mental para nosotros y para nuestros colegas de toda la nación: ¿Decimos lo que pensamos en las reuniones de gestión y corremos el riesgo de ser etiquetados como alborotadores o permanecemos en silencio y trabajamos con sigilo entre nuestros compañeros?

Una fuente de información abundante en datos

Los Servicios de Protección de Menores no suelen considerarse a sí mismos como una operación de recopilación de datos. En realidad, están inmersos en datos pero la mayoría no los usan con su máxima efectividad. No hay nada en particular que les impida examinar los repetidos casos de maltrato intentando encontrar patrones y aprender algo acerca de los factores de riesgo que son más propensos a generar la repetición de episodios de cuidados sustitutos. Podrían ver la cantidad de tiempo que los niños pasan en custodia y probablemente aprender algo sobre cómo las oficinas regionales están funcionando y por qué. Podrían calcular el número de adolescentes que crecen y salen del sistema sin un acuerdo permanente y tener una buena idea de cómo va la misión general (o al menos una idea de cómo se sostiene el tejido social en un estado dado); y podrían ilustrar lo bien que los padres son capaces de acceder al tipo de atención de salud mental y otros apoyos útiles para ayudarles a recuperar a sus hijos.

Tomemos, por ejemplo, el uso de datos para aprender algo sobre los esfuerzos del bienestar infantil para retener e inscribir padres sustitutos. Este tipo de análisis basado en datos bien podría llevarlos a historias como una que enfrenta Pablo (un formador de personal empresarial que conocemos) quien ha estado pensando en convertirse en un padre sustituto. Criado por una madre soltera, él conocía muy bien la dificultad de crecer casi sin modelos masculinos en el camino y quería hacer algo para ayudar. Pero cuando hizo una búsqueda rápida en línea para la crianza de niños con padres sustitutos en el sitio web de la agencia de bienestar infantil de su estado, no pudo encontrar información sobre requisitos o capacitación.

Finalmente, encontró una dirección de correo electrónico donde envió su consulta sobre crianza adoptiva y esperó a recibir respuesta. Pasaron muchas semanas para que la respuesta llegara, redirigiéndolo al sitio web de la agencia e indicándole las fechas de una sesión introductoria nocturna. También leyó en el sitio que tendría que comprometerse a cuatro sábados durante dos meses para una capacitación oficial y obligatoria de padres sustitutos. Sin desanimarse y aún con dudas, Pablo le envió un correo electrónico a la representante para ver si podía hacer una cita para hablar con ella. Pasaron otras semanas y finalmente se hizo la cita telefónica. Durante la conversación, Pablo se enteró que el curso implicaría la lectura de un manual de 130 páginas pero el empleado no tenía más información que eso; no se sabía nada acerca de qué cubrirían las cuatro partes del curso o quién brindaría la capacitación.

Recuerde que Pablo se dedicaba a la capacitación para ganarse la vida y, en este punto, él estaba notando varias señales de alarma. Podía sólo imaginarse un capacitador agotado, muy disconforme por tener que renunciar a un fin de semana y con la urgencia de asegurarse que todos en su clase alcanzaran rápido el mismo nivel de descontento. Y supuso que si capacitarse sobre el proceso era ya difícil, imagine qué terrible sería el real proceso de capacitación y aprobación de padres sustitutos. Pablo cambió las estrategias optando, en su lugar, por donar dinero a través de una agencia de tutoría para jóvenes; y así el bienestar infantil perdió otro potencial recurso mientras la organización Big Brothers Big Sisters, ganó uno. Aun así, en primer lugar, es casi un milagro que Pablo llegara tan lejos frentes a esos obstáculos.

No se necesita un analista en administración para entender que el primer paso para resolver la escasez de padres sustitutos es una página web de fácil uso, diseñada ingeniosamente y con respuestas rápidas a las preguntas por correo electrónico. Algunos estados lo han descubierto, porque están usando datos para rastrear las "experiencias de los usuarios" de todos los interactuantes con su organismo pero muchos otros todavía tienen que recibir el memorándum (o recopilar y analizar los datos). A menudo son los estados con mayor necesidad los que carecen de los recursos para proporcionar un buen servicio al usuario. No tienen el personal ni la tecnología adecuada.

Y luego está lo de siempre que uno esperaría encontrar en cualquier organismo de gobierno: guerras territoriales, política interna, acusaciones, señales ambiguas de secretarios de gabinete y gobernadores, hojas de té mal leídas y mandatos contradictorios escritos desde legislaturas. Pero usted hallará lo mismo en el departamento de transporte también pero, aún así, logran construir algunas carreteras bastante impresionantes. Usted encontrará que en el departamento de caza y pesca también, pero los ríos aún se abastecen de peces y la gente todavía es detenida por cazar venado fuera de temporada. Incluso los departamentos de turismo publican comerciales bastante llamativos e impactantes.

Lo que es diferente acerca del bienestar infantil es que no podemos ver los resultados. La gente común puede conducir en la ciudad, tomar algún autobus, echar un vistazo a algunos baches y así darse una idea bastante clara de cómo funciona la política de transporte; pero el bienestar infantil no está preparado de la misma manera, de modo que todos lo pueden ver. Sin duda, hay una aversión natural a conocer el destino de los miembros más problemáticos y débiles de la sociedad. Hoy y siempre habrá quienes prefieran quejarse interminablemente de quienes ven como "pobres imbéciles que hacen cosas imbéciles para arruinar sus vidas imbéciles" y tenemos que convivir con ellos. Pero para las personas que se preocupan, por poco que sea, debemos dejar de pensar que la enormidad de los desafíos que enfrenta el bienestar infantil es demasiado compleja y que no hay manera de saber si todo está funcionando. Ese pensamiento derrotista tiene que cambiar.

DIARIO DE KATHERINE

Fue después de la hora de salida; estábamos saliendo de una reunión que había durado toda la jornada en la que los administradores de los Servicios de Protección de la Infancia de todo el estado llegaron para que ser informados sobre diversos temas: nuevas reglas, nuevas directrices y actualizaciones que todos tenían que saber. Lo de siempre. Había sido un día largo y todo el mundo estaba exhausto.

Mientras recogía mis cosas para ir a casa, vi una multitud de gente en el frente de la sala y me di cuenta de que uno de nuestros subdirectores tenía una pequeña bebé en brazos que tenía obviamente sólo un par de días de edad. Esta bebé tan pequeña había nacido expuesta a drogas y tuvo que ser llevada al hospital. Había sido dada de alta y ahora tenía que ser llevada a un hogar de acogida ubicado a cinco horas de distancia. La directora regional que trabajaba en ese condado había planeado pasar la noche en la ciudad para poder realizar su largo viaje de regreso al día siguiente. En lugar de eso, ahora iba a llevar a la bebé al hogar de acogida por la noche, sola, después de un día entero de trabajo.

Me intimidaba mi propia vuelta a casa de toda una hora de duración, sin recién nacidos y no podía imaginar la fortaleza de mi colega. Le pregunté cómo iba a hacerlo. Parecía exhausta pero se encogió de hombros y sonrió un poco. "Supongo que lo resolveré de algún modo", dijo.

Lloré toda la hora conduciendo a casa porque vivimos en un mundo que requeriría que alguien lleve a un bebé recién nacido durante cinco horas por la noche, a la casa de un extraño. Es tan reconfortante saber que hay personas en el mundo como la directora que están dispuestas a sacrificar su propia comodidad para cuidar del hijo de otra persona.

Al día siguiente mientras almorzaba con una de mis amigas que trabaja en la misma área que yo, le conté lo disgustada que estaba por el bebé y ella me miró incrédula y me dijo:

"¿Estabas traumatizada por eso? Ese tipo de cosas suceden varias veces al día, todos los días".

Y yo lo sabía. Yo soy la persona responsable de los datos. Sé cuántos niños ingresan a la atención cada año. Pero es muy diferente ver a estos niños y trabajadores en persona, en lugar de números en la pantalla de una computadora.

No hubo un desfile para la mujer que condujo al bebé recién nacido durante cinco horas sola por la noche. Los trabajadores sociales no tienen gente persiguiéndolos para pedirles autógrafos. Pero hacen cosas heroicas todos los días.

Bienestar Infantil 2.0

En los últimos siglos, una de las mayores amenazas de los habitantes de una ciudad no provino de enfermedades o de un saneamiento deficiente o del delito; provino de un terror que podía atacar en cualquier momento, propagarse rápidamente y acabar con enteros sectores de las grandes ciudades. Había muy poco que nuestros ancestros pudieran hacer para detenerlo pero, hoy en día, es un problema tan pequeño que casi nunca nos preocupamos por él. Adivine qué es.

¿Se rinde? Es el fuego.

El fuego solía ser increíblemente común y muy difícil de controlar. Los incendios eliminaron amplios sectores de Detroit, Boston y Chicago en el siglo XIX. Sólo el Gran Incendio de Chicago destruyó más de tres millas cuadradas. Un incendio en Seattle en 1889 consumió todo el centro de la ciudad. La era de la Fiebre del Oro en San Francisco también tuvo una serie de "Grandes Incendios". Desde luego, la gente trabajó duro para solucionar este obvio problema. Los departamentos de bomberos voluntarios surgieron en el siglo XVIII y uno de ellos fue fundado por nada menos que Ben Franklin. Algunas zonas rurales siguen utilizando ese modelo de voluntariado, aunque las ciudades y pueblos más grandes finalmente profesionalizaron sus departamentos de bomberos. Poco a poco, nos volvimos bastante expertos apagando incendios y en el trabajo de equivalente importancia de evitar que se extiendan. Fue un gran paso adelante, sin duda. Si usted visita un museo de historia y visita una exposición sobre un "Gran Fuego", probablemente se produjo en el siglo XIX; desde entonces, nunca más. Los edificios todavía se incendian, pero los vecinos no se preocupan mucho. Los departamentos de bienestar de la infancia funcionan con un modelo similar. Si algo tremendo le está pasando a un niño en este momento, una simple llamada telefónica puede conducir numerosos profesionales a la escena que tratarán de contener el daño. El "incendio", en este caso, es de un tipo devastador diferente, pero esos profesionales tratarán de apagarlo de todos modos. Y aunque este sistema tiene sus problemas, todos podemos estar orgullosos de que existe; tener profesionales de primeros auxilios para trauma infantil es en efecto muy importante.

El problema aquí es que los bomberos son parte de la causa por la cual ya no nos preocupamos por el fuego. En los siglos recientes, hemos hecho un esfuerzo similar y polifacético para evitar que los incendios comiencen, en primer lugar. Cambiamos drásticamente la forma en que la sociedad actuaba -en todo tipo de acciones- a menudo con grandes gastos y esos esfuerzos fueron fructíferos.

Ben Franklin, además de iniciar un departamento de bomberos voluntarios, también fue pionero en el pararrayos, un conductor de metal colocado en la parte superior de un edificio que enviaba el amperaje de forma segura a la tierra. Con el tiempo, cambiamos la forma en que construimos las viviendas con la obligación de utilizar más materiales resistentes a incendios, detectores de humo y sistemas de extinción de incendios. El Código Eléctrico no fue publicado por un gobierno o un sindicato sino por una asociación denominada National Fire Protective Association en base a un acuerdo iniciado por un grupo de compañías de seguros contra incendios, a finales del siglo XIX. Cada ciertos años, intensifican sus estándares con la publicación de un nuevo libro de códigos, recientemente incluyendo la obligación de que todas las casas sean construidas con interruptores de circuito por falla de arco (que cierran un circuito cuando se detecta un arco, no sólo cuando está fluyendo demasiada energía). Y en sólo los últimos 20 años, el Congreso y los estados han actuado para asegurarse de que los cigarrillos vendidos en el país básicamente se apaguen si se dejan descuidados. Incluso los esfuerzos de concientización a través la historia de Smokey Bear probablemente ayudaron aunque, por supuesto, se centró en los incendios forestales.

Es difícil subestimar lo eficientes que somos en la prevención de incendios en estos días. En 1975, mucho tiempo después de que Boston hubiera profesionalizado su Departamento de Bomberos, se reportaron 417 incendios; en el año 2013, la combinación de códigos y normas redujo ese número a 40. Los bomberos siguen respondiendo a numerosas llamadas de emergencia, pero normalmente no tienen nada que ver con incendios. Algunos halcones fiscales se preguntan si no podríamos sobrevivir con menos bomberos.

Cuando se trata de los departamentos de bienestar infantil, esto representa un paso fundamental que no se ha dado, con resultados trágicos. La mayoría de los departamentos se consideran brigadas de bomberos de trauma infantil, responsables de la intervención y el tratamiento. Dicen que la prevención no es asunto de ellos. Y no se equivocan: muchos políticos y otros departamentos podrían y deberían estar haciendo más al respecto. Además, la gran mayoría de los fondos federales destinados al bienestar infantil se destinan específicamente al reembolso para los hogares de acogida (aunque esto esté cambiando lentamente). En muchos aspectos, los departamentos de bienestar infantil no reciben financiación para la prevención.

Pero los departamentos de bienestar infantil, que en su mayor parte están integrados por algunas de las personas más dedicadas y solidarias del planeta, están en una posición única para liderar esta lucha. Tienen la autoridad moral que surge de trabajar diariamente con los niños más problemáticos de la sociedad. Lo que es más crítico, están sentados sobre montañas de datos que pueden contribuir a mejorar su trabajo y en la captación de dirigentes políticos y miembros del público en general para aumentar los esfuerzos.

Los departamentos de bomberos saben sobre esto. Podrían ampararse en sus obligaciones de intervención y tratamiento, pero no lo hacen. Los bomberos pueden explicarle larga y gustosamente sobre la prevención de incendios a cualquiera dispuesto a escuchar; envían oradores a grupos comunitarios; envían atractivas mascotas (y no sólo Smokey) a las ferias del condado y a los festivales comunitarios, con la esperanza de lograr que la próxima generación se involucre; y los planificadores que trabajan para el departamento de bomberos mantienen un ojo en la nuevas construcciones, incluso controlando la anchura de las carreteras para asegurarse de son lo suficientemente anchas para los camiones. Participan activamente en la prevención.

La solución

¿Pero cómo podría un departamento de bienestar infantil empezar a actuar más parecido a sus camaradas holísticos en el departamento de bomberos? Nuestra modesta propuesta es esta: con una unidad interna de unos pocos empleados (el tamaño del personal dependería del tamaño de toda la plantilla de la agencia y de las organizaciones asociadas contratadas) que se dedique a un proceso denominado Mejora Continua de la Calidad (CQI, por las siglas en inglés). Su obligación consistiría en utilizar los datos para identificar problemas y soluciones; participarían en el proceso de las cuatro etapas de análisis, planificación, actuación y evaluación del progreso respecto a resultados mensurables y significativos. Su trabajo, bastante simple, sería ayudar a todos los demás a mejorar su labor y captar para esa causa a los representantes electos y al público en general.

La unidad de CQI reuniría la persistente positividad de un entrenador personal, la disciplina de un inspector general y la pasión de un evangelista; tendría carta blanca para mirar cada pedazo de papel y pedacito de datos que el departamento produjo, tendría cierto grado de independencia política, a fin de evitar la intromisión de las personas cuyas colmenas habría que agitar. Y fundamentalmente, tendría algún control sobre el sitio web del departamento.

Las tareas de esta unidad de CQI podrían dividirse ampliamente en tres áreas clave: análisis y evaluación, planificación y acción, y publicidad y transparencia. Abordemos las tres:

Análisis y evaluación: La misión aquí es imitar el trabajo de los inspectores generales que monitorean los grandes organismos federales comparando los objetivos declarados del departamento con la realidad sobre el terreno. Por supuesto, las críticas arriba mencionadas, son un buen punto de partida. La unidad CQI está perfectamente posicionada para meterse en la red informática interna y calcular la proporción de casos por investigador; puede hacer una muestra de registros de llamadas entrantes y determinar si son derivadas al lugar correcto y si alguna está cayendo entre las grietas; puede mirar de cerca la tecnología que utiliza el departamento y, si causa niveles mínimos o inaceptables de fricción en cuanto a su productividad; puede evaluar la moral del personal, un factor no insignificante en cualquier organización y mucho menos en una dedicada a contener el sufrimiento humano; y puede realizar auditorías de gestión del sistema de reclutamiento de padres sustitutos, examinando los tiempos de respuesta y solicitando retroalimentación de los padres sobre su experiencia como usuarios. También tendrá en cuenta el número de niños que ingresan repetidamente en hogares sustitutos, en comparación con los menos deseables hogares comunitarios.

Esas son las áreas obvias para tener en cuenta pero, como unidad interna, el equipo de CQI también debe estar en condiciones de prestar atención escuchando si hay quiebres en la comunicación interna del departamento, problemas presupuestarios y cualquier otro aspecto que recoja en su proceso de análisis, planificación, acción y evaluación.

Planificación y acción: No concebimos esta unidad como un grupo acusatorio o lanza piedras. Una parte fundamental de la misión sería la capacitación de los empleados en el propio proceso de CQI. Como hemos estado diciendo repetidamente en este libro, cada trabajo que haya sido ideado puede ser mejorado con una deliberada aplicación de los fundamentos básicos aclaratorios integrados en CQI.

En realidad, hemos ejecutado programas en los departamentos de bienestar infantil con este propósito: fueron diseñados para evaluar cada rincón del organismo. Y mientras ofrecer cursos sobre el nebuloso tema de "cómo mejorar sus trabajos" puede parecer una forma desorganizada de llegar a la cuestión, usted se sorprendería de lo rápido que los participantes se concentran en cualquiera sea la magnitud del desafío. Simplemente les enseñamos cómo comenzar de cero a través de la planificación y la investigación de los mejores métodos y cómo usar buena información y buenos argumentos para generar cambios positivos. De hecho, llamamos a los participantes "Líderes de Datos".

Para las unidades de CQI, prevemos un tipo de Programa de Líderes de Datos con énfasis en el análisis de información, investigación y comunicación con colegas, socios y el público. En todo Estados Unidos, e incluso en el mundo, mucha gente talentosa está elaborando nuevas e importantes ideas sobre cómo ayudar a los niños y sus familias. Los esfuerzos para recabar esas ideas e implementarlas son siempre un poco dispersos pero la unidad de CQI institucionalizará una lucha interminable por mejorar, alertando sobre problemas a los administradores y capacitando directamente al personal para abordarlos.

Por cierto, no vemos ninguna razón por la cual esta investigación sobre mejores procedimientos no pueda al mismo tiempo elaborar estrategias que otros organismos podrían utilizar para ayudar a la causa del bienestar de la infancia. Por supuesto, no podría involucrarse en campañas políticas para, por ejemplo, aumentar uno u otro impuesto para financiar el preescolar universal; no podría abogar por el aumento del pago a los profesionales de salud conductual que toman pacientes de Medicaid. Pero podría asegurarse que todos sepan exactamente lo que esas reformas harían por los niños, si se promulgaran.

Publicidad y transparencia: el análisis, la planificación, la acción y la evaluación son aspectos importantes, sin duda, pero son fundamentalmente funciones internas y dependen de la cooperación de la vieja guardia. Pero tenga la seguridad de que la misión de la unidad de CQI no depende enteramente de pedir en modo amable; la unidad puede darle realmente un impulso enorme a las reformas con publicidad y con las conexiones que los inspectores a nivel federal suelen cultivar con los medios de comunicación, al mismo tiempo que presta atención al propio departamento. En lugar de permanecer fuera de las noticias, la unidad de CQI buscaría hacer conocer lo que funciona y cómo los socios y el público pueden cooperar para fortalecer las vidas de todos los niños.

Aquí es donde entra en juego en modo crucial un cierto grado de control sobre el sitio web de la agencia. En el transcurso de un día normal, la unidad de CQI recoge un significativo caudal de datos y deberá presentar esa información en la web (al mismo tiempo que protege la confidencialidad de datos personales) de una manera visualmente convincente y de fácil comprensión para los no profesionales. ¿Cuántos niños están en custodia en este momento, desglosados por código postal, condado o región? ¿Cuál es el número de casos y el volumen de trabajo por investigador? ¿Cuál es la duración promedio de un caso? ¿Cuántos niños están en riesgo de crecer fuera del sistema sin un hogar permanente? ¿Qué presenta un análisis comparativo entre niños en hogares de acogida y niños en hogares comunitarios? ¿Y qué tendencias se observaron durante el último año o en los últimos cinco años o en otros estados?

Necesitamos esta información en un solo lugar presentados en colores, con gráficos y con facilitadores que expliquen los términos técnicos en lenguaje sencillo y debería ser actualizado cada semana (si no todos los días). Después de todo, se trata de información pública que, con un poco de persistencia, usted mismo podría conseguirla y publicarla en su propio sitio web. Pero dado lo difícil que sería y que vivimos en una era en la que los periódicos tienen cada vez menos personal para investigar el gobierno, es el trabajo del gobierno de mostrar lo que está haciendo.

Piense en este conjunto de números como un panel de lectura: una rápida revisación de signos vitales. Es lo equivalente a conducir por la ciudad mirando baches y verificando el rendimiento del tiempo de los autobuses para evaluar la política de transporte, excepto que en este caso, está directamente en la web. No le dirá todo; después de todo, usted no puede revisar los fluidos en los autobuses o asegurarse de que los equipos de carretera estén siguiendo las prácticas más adecuadas de vertido de asfalto. Pero es un buen control de temperatura que siempre está presente y no puede ser escondido en la página A16 del periódico de un día y luego ser olvidado.

Este tipo de transparencia preventiva no es, por supuesto, un pensamiento revolucionario. Gobiernos de todo tipo revelan rutinariamente los informes de financiación de campañas online sin que nadie se los pida. En Nuevo México, el alcalde de Albuquerque publicó el extracto mensual de su tarjeta de crédito en el sitio web de la ciudad. Y también existe el Reloj de la Deuda Nacional, una dramática ilustración en tiempo real de nuestra deuda nacional y la proporción que usted comparte de ella.

Necesitamos algo semejante para el bienestar infantil: un centro de intercambio de información centralizado con información básica es lo que llama la atención de periodistas, dirigentes políticos y del público en general que buscan algo para "tuitear." Transforma una parte opaca y olvidada del gobierno en algo que todos pueden ver y tocar. Los organismos sometidos a ese nivel de escrutinio tienden a generar mejores resultados. Pero si a los administradores no les gusta ese nivel de presión, pueden apreciar la otra cara: los recortes presupuestarios draconianos son más difíciles de lograr cuando los legisladores y el público en general saben lo que uno hace diariamente y lo aprecian. Esos queridos bomberos aprendieron esta lección hace mucho tiempo.

Pero este sitio web sería más que un conjunto de números junto a tablas y gráficos bonitos. Durante el proceso de cuatro etapas de mejora continua de calidad, la unidad CQI produciría varios informes sobre los retos de la agencia y propuestas para resolverlos; también producirían investigación original sobre lo que se está desarrollando en otros lugares y cómo se compara y contrasta con la jurisdicción local (todo esto también debería publicarse en el sitio web). Probablemente los informes dirigidos principalmente a los administradores y legisladores deban presentarse largos y secos, pero podría añadirse fácilmente un resumen ejecutivo para el público y los medios de comunicación. Cuanta más gente sepa qué pasa bajo el capó o cofre, mejor funcionará el motor.

No es fácil. Sólo vital.

No pretendemos que la implementación de una unidad de CQI sea fácil. Aunque el gobierno estatal no sea el servicio militar, está construido sobre un modelo de jerarquía: si usted tiene un problema o una idea innovadora, se supone que debe ir a su supervisor directo para ser guiado, no omitir ningún nivel de gestión y, ciertamente, no se supone que usted publique información interna al azar en Internet, aún si fuera pública. Tales organizaciones son resistentes al cambio y eso se observa aún antes de que nos encontremos con las personas que están allí sólo para aguantar un par de años más hasta jubilarse o no quieren invertir el trabajo adicional que la reforma requeriría o quienes simplemente un día, hace veinte años, se levantaron con el pie equivocado y decidieron hacerlo un hábito.

Pero si una idea como una unidad de CQI totalmente dotada de personal y con capacidad tecnológica puede ser aprobada por una legislatura, bien podría descifrar el código que la gente de seguridad contra incendios resolvió hace mucho tiempo. La gente detrás de ese movimiento combatió incendios enérgicamente, pero también trató de prevenir los incendios en diversos y numerosos frentes, incluyendo la creación de una organización de investigación de seguridad contra incendios en la estructura reglamentaria permanente. En otras palabras, plantaron una unidad de CQI en la ecuación. Déjenle hacer lo suyo y el hecho de que probablemente usted se preocupe mucho menos por los incendios que sus bisabuelos, habla por sí mismo.

Eso es lo que queremos para el bienestar infantil. Dudamos que viviremos lo suficiente para ver el descenso de los niveles de trauma como observamos con las tasas de incendio, pero podríamos preparar la mesa para ello. Sólo tenemos que asegurarnos de que la mejora continua de la calidad sea una parte permanente del proceso. Queremos poner fin a la práctica común de los organismos gubernamentales que actúan antes de analizar y planificar. Queremos poner fin a la práctica de los gobiernos y de las fundaciones de financiar proyectos sin un proceso de evaluación riguroso. Cuando el bienestar infantil se financie adecuadamente, cuente con el personal adecuado para cumplir las directrices de los procedimientos más adecuados, esté dotado de tecnología de vanguardia y se le permita utilizar los datos como fundamento de sus acciones, por fin tendremos un organismo de poder determinante en posición de tomar la iniciativa en la prevención de todas las formas de experiencias infantiles adversas y traumas.

Hay una gran posibilidad de que la investigadora Susan se despierte de nuevo en la madrugada de mañana y se deba precipitar hacia otra catástrofe, cuyas repercusiones podrían perjudicar a la sociedad por décadas. Pero está en nuestro poder disminuir las probabilidades de que alguna vez tenga que hacer semejante viaje y también podemos asegurarnos de que tenga las herramientas tanto para ayudar a los niños a encontrar un lugar seguro como para orientar a la madre a obtener la ayuda que claramente necesita. Podemos asegurarnos de que trabaje en una agencia donde las acciones se basen en los datos y que el empoderamiento sea omnipresente o podemos esperar la próxima llamada al motel, con la esperanza de que esta vez no termine terriblemente, fatalmente mal.

DIARIO DE KATHERINE

Después de mi época supervisando datos e investigaciones en un departamento de bienestar infantil, me sorprendió la cantidad de gente que trabaja en el mundo de las fundaciones y de organizaciones sin fines de lucro que no tenía idea de lo omnipresente que es el abuso infantil. Un estudio evaluado por expertos descubrió que el maltrato será probado en uno de cada ocho niños en los Estados Unidos. Eso es un promedio de 3 niños en cada aula, en cada escuela, en cada ciudad. E incluso las personas que son expertos en enseñar a niños, en alimentar a niños y ayudar a niños con problemas médicos no tienen idea de que esto es tan generalizado. Los niños no pueden aprender si tienen hambre. Tampoco pueden aprender si tienen miedo. Si queremos mejorar los resultados para los niños: los índices de graduación, las tasas de embarazo adolescente, el consumo de drogas o cualquier otra cosa, primero debemos asegurarnos de que estén a salvo y que se sientan seguros.

Capítulo Seis

Fuentes del trauma: la crisis continua en los programas de salud mental

La historia de Ana

Casandra, la madre de Ana, tenía una larga historia de problemas de salud mental. Pasando por la escuela primaria, media y secundaria, año tras año, ella pudo haber parecido a sus maestros como otra estudiante desinteresada de un barrio difícil, pero ella era en realidad un alma en pena y atormentada. No sabemos qué intervenciones -si las hubo-, tuvieron lugar en la escuela para abordar su estado emocional, pero sí sabemos que cuando entró en el sistema de justicia de menores, también estaba entrando en una dramática caída en espiral. Nunca hubo una revisión minuciosa (al menos ninguna que se hiciera pública) de todas las experiencias adversas de la infancia de Casandra, pero podemos suponer que ella también fue víctima de trauma en algún grado. Sabemos que fue arrestada muchas veces en relación a drogas, que efectuó varias llamadas a la policía por violencia doméstica y que pasó algún tiempo en la cárcel. Lo que no sabemos acerca de Casandra y lo que todavía no sabemos acerca de los niños de hoy es cuántos viven en hogares donde el acceso a la atención de salud conductual podría hacer una gran diferencia en la prevención de traumas.

NATHAN TIENE 11 AÑOS y es un niño bastante normal. Mira mucha televisión, no hace muchas actividades extracurriculares y no lee por placer. Cuando sus profesores lo describen, no aluden a logros escolares porque no hay ninguno. Pero tampoco se quejan ni se lamentan ni miran para arriba ya que no hay cuestiones disciplinarias importantes. Por lo general, se conforman con la opción predeterminada para los comunes y corrientes y se refieren a él como un "buen niño".

Durante sus primeros diez años de edad, Nathan vivió con su madre en un pequeño apartamento en una parte de la ciudad con multitud de centros comerciales salpicados de farmacias, restaurantes chinos y oficinas de abogados para lesiones personales. Generalmente su madre era bastante capaz para mantener sus trabajos, pero tendían a durar no más de ocho meses y nunca le pagaban bien. En tanto, el padre de Nathan, nunca en realidad apareció en la foto y no hablan mucho de él.

Nathan goza de una excelente salud física, en parte gracias a su herencia genética y en parte gracias a un buen seguro médico, ya que ha estado en Medicaid toda su vida. Medicaid, la compañía de seguros federal para personas de bajos ingresos, se ocupó de que él naciera en un hospital moderno del primer mundo y solventó todas sus vacunas y chequeos regulares. También pagó para tratarlo de una serie bastante común de enfermedades infantiles, incluyendo un par de infecciones del oído y un raspón en una rodilla que requirió algunos puntos.

Y por esto podemos estar orgullosos. Nathan está creciendo en la pobreza en una situación difícil pero nosotros, como sociedad - volviendo a los días de Lyndon Johnson-, nos hemos asegurado de que no se añadan a su lista de preocupaciones problemas médicos fácilmente prevenibles. No hicimos que él y su madre mendigaran en las calles para curar una infección de oído o suturar una pierna. Tal vez estábamos motivados por puñaladas de culpa o, tal vez simplemente no queríamos verlos físicamente en la calle, pero de una manera u otra, pensamos que sería mejor pagar por ello y seguir adelante. Fue una victoria moral y práctica.

Pero Nathan todavía no está fuera de peligro. Su madre básicamente lo mantuvo hasta los siete años pero luego se hundió en la drogadicción que absorbió su tiempo y dinero y entonces se convirtió en un caso grave de negligencia para cuando Nathan tenía diez años. Durante varios años, a menudo no había comida en la casa y Nathan tuvo que hacerse cargo de ir a la escuela. La mamá tampoco era muy responsable como para llevarlo a las citas médicas aunque afortunadamente no había mucho de qué preocuparse. Nathan terminó pasando mucho tiempo en la casa de su tía, que convenientemente vivía a menos de una milla de distancia.

La situación llegó a un punto crítico con la drogadicción de la mamá. Los servicios de protección de menores se involucraron y ahora Nathan vive con esa tía en lugar de solo visitarla todo el tiempo. Y aunque tiene suficiente para comer y tiene la ayuda que necesita para ir a la escuela y a los turnos médicos, muy pronto necesitará mucho más que eso.

Los desafíos que enfrentamos

Más que nunca en este mundo moderno, nuestro éxito en la vida depende de poder relacionarnos armoniosamente con otras personas y por eso la salud mental es tan relevante. Si los problemas de salud mental no reciben tratamiento o son diagnosticados erróneamente, las consecuencias son redes sociales débiles, menores oportunidades y relaciones sentimentales problemáticas. La depresión y las adicciones no se quedan atrás. Nathan podría enfrentarse a un futuro de salud mental desalentador y es fácil suponer que podría impactar negativamente en su vida, en la sociedad en general y en sus futuros hijos.

Nathan ya ha acumulado numerosas Experiencias Infantiles Adversas: (1) fue testigo de la complicada separación de sus padres, (2) vio a su padre ir a la cárcel, (3) vivió con alguien que abusaba de drogas y, (4) sufrió de negligencia cuando la comida se agotó. Para algunos niños estadounidenses la situación es peor pero Nathan ya está dentro de una zona de peligro.

Sin embargo, la buena noticia es que Nathan sólo tiene 11 años y finalmente vive en un entorno estable. La otra buena noticia es que sabemos lo que Nathan necesita: un hogar estable y confiable, un adulto que se preocupe por él y un terapeuta. Tal vez este terapeuta necesitará autorización para escribir recetas, o tal vez no. Sean quienes sean, sabrán de dónde viene Nathan y lo guiarán a través del campo minado mental en el que la vida lo ha colocado. Y esto llevará su tiempo.

Si él encuentra un profesional de salud mental calificado, concurre al tratamiento, participa en el trabajo y encuentra un círculo fuerte de apoyo social, tiene una buena oportunidad de abordar el trauma y establecer un mecanismo de supervivencia saludable para sí mismo. El cuidado de la salud mental no funciona con la eficiencia de la vacuna contra el herpes "culebrilla" pero aún así, los resultados pueden ser impresionantes si hay una óptima conexión entre el paciente y el terapeuta. En este momento, Nathan podría culparse a sí mismo por este trauma. Si un terapeuta puede ayudarlo a aceptar la realidad de su falta de responsabilidad por las acciones de su madre, representará un gran progreso que puede ayudarlo a tener una vida mejor.

Los humanos siempre hemos alardeado sobre nuestra capacidad de adaptación a nuevas realidades. Hace mucho tiempo, pensábamos que usar un baño era tremendamente intimidante. Como adolescentes, la perspectiva de relaciones sentimentales pudo habernos aterrorizado; también cuando tratamos de encontrar trabajo o ingresar a la universidad o, presumiblemente, caminar sobre el puente terrestre a América del Norte. Pero a través de una larga serie de impulsos en la dirección correcta, llegamos y nos acostumbramos. Usando el mismo software del cerebro humano y dando pasos graduales, existe una buena posibilidad de que Nathan mejore en iniciar y mantener el tipo de relaciones que le ayudarán a encontrar mejores trabajos, lograr buenas calificaciones, conseguir un trabajo, pagar impuestos, discutir menos con sus parejas y criar niños más sanos. Todo lo que tenemos que hacer es llevarlo a un lugar con profesionales que estén bien capacitados. El millonario Warren Buffett nunca vio una oportunidad de inversión tan buena.

Pero a pesar de nuestras envidiables instituciones de primer mundo y a la creciente conciencia sobre la importancia de la salud mental, como país todavía no logramos que el acceso a la atención de la salud mental sea factible debido a una combinación de retos estructurales, a nuestra propia incompetencia y a una infructífera (aunque comprensible) creencia de que la gente simplemente debe resolver sus problemas por sí misma.

Empecemos por el principio: Si Nathan alguna vez pudiera llegar al consultorio de algún terapeuta, alguien tendría que notar algún problema. Con la rodilla despellejada que requirió unos puntos, Nathan se dio cuenta del problema de inmediato y estaba muy contento de llamar la atención de los demás; pero es poco probable que pueda identificar las secuelas de la negligencia. La otra persona que se encontraría en un buen lugar para hacer algo es su madre quien estaba ocupada con su propia drogadicción. Su tía y tutora podría ayudar pero también podría restar importancia al comportamiento de Nathan atribuyéndolo a "su forma de ser". También podría ser que él actúe más normalmente cuando está cerca de un miembro de la familia de confianza que con otras personas; es algo que a veces puede ser bastante sutil. Nos queda una maestra que también está ocupada con otros 29 niños o, tal vez, haya un maestro de la banda de música o un pastor juvenil que podría estar en la misma situación. (Este es realmente el escenario más probable, especialmente si los profesores en cuestión fueron capacitados para detectar Experiencias Infantiles Adversas o maltratos. Ese tipo de formación falta con mucha frecuencia y aún cuando hubo formación, su calidad -a veces- es dudosa). Quizás un miembro de la familia extensa diga algo o, tal vez, ni siquiera vivan en el mismo pueblo. De cualquier modo, decirle a un tutor algo así como "creo que Nathan tiene un problema de salud mental" es mucho más difícil que decirle "no te olvides que pronto Nathan necesita su refuerzo del tétanos". Así que el resultado más evidente pasa y los niños caen por las grietas sin obtener la ayuda que necesitan.

Incluso si este problema se lograra poner en evidencia, queda otra capa de la cebolla logística. Muchas de las consultas médicas son para resolver temas de aquí y ahora, especialmente cuando se trata de niños quienes tienen una envidiable capacidad de recuperación de todo tipo de aterradoras enfermedades en tiempo récord. Van, los diagnostican, le administran un tratamiento que nuestros bisabuelos sólo podían soñar y se mejoran. La salud conductual, en cambio, requiere volver a ese consultorio cada semana o cada mes, durante un largo período de tiempo, lo que es precisamente el tipo de tarea en la que personas (como la madre de Nathan) funcionan peor, incluso si pudieran ser persuadidas de tomar el asunto en serio.

También hay una cuestión financiera muy seria. En un sentido, la salud del comportamiento es barata, porque es sólo una persona en una habitación común convenientemente desprovista de una máquina de resonancia magnética de un millón de dólares y de tropas de enfermeras o asistentes (aunque establecer una práctica de salud conductual, especialmente en la psiquiatría, no es una tarea fácil o barata). A veces las farmacias se involucran, pero normalmente en esos casos, son sólo los psiquiatras. Los gastos generales son tan bajos que incluso algunos prestadores de salud conductual hacen su propia facturación y no necesitan trabajar duro en peleas prolongadas por los códigos de facturación, como en cambio sucede en los hospitales. En una época en que la visita promedio a una sala de emergencias cuesta alrededor de 1.200 dólares, el costo de una visita a un terapeuta profesional en una habitación anónima parece barato.

Pero por otra parte, la necesidad de citas frecuentes implica que la salud conductual puede resultar muy costosa para los pacientes; cada visita podría requerir algún tipo de pago. Si su seguro es Medicaid, el pago puede ser de cero dólares o tal vez de unos pocos dólares simbólicos. Si usted gana demasiado dinero para los criterios de Medicaid, podría tener que realizar un copago de quizás 50U$. Y esa cantidad es probablemente mucho dinero para la tía de Nathan, incluso si su nivel de ingreso es mayor de lo que Medicaid establece. La situación casi peor es si usted tiene un seguro de salud desastroso que le haga pagar el precio completo de todas sus consultas hasta que llegue a un deducible, generalmente, unos miles de dólares.

El peor escenario es que no disponga de ningún seguro. Gracias a la ampliación del Children´s Health Insurance Programa (Programa de Seguro de Salud Infantil), un primo cercano de Medicaid, esta situación es menos problemática para los niños (aproximadamente 5 por ciento sin seguro médico) que para los adultos (aproximadamente 10 por ciento). Pero la mayoría de los niños del 5 por ciento viven en familias que se hacen camino por la vida con dificultades y frecuentemente son muy pobres; cumplirían con los requisitos para Medicaid pero carecen de los medios para llenar los formularios. A veces aparece otro factor en juego: ser inmigrante indocumentado. En cualquier caso, es probable que necesiten más ayuda, pero dado que el costo anual de citas semanales con un terapeuta del vecindario pueda llegar a unos 5.000 dólares, probablemente no esté a su alcance.

Para Nathan y su tía (recuerde que ella quiere ayudar), todo esto significa que hacer lo correcto es la opción más difícil de tomar. Lo más probable es que no pase nada y que Nathan no pueda permitirse pagar por esa atención. Quizás yendo más al punto, nosotros -los contribuyentes- no podemos permitirnos no ayudar.

Imaginemos por un momento que lo que Nathan necesita para mantenerse alejado de las drogas y graduarse de la escuela secundaria (un umbral sin duda bajo) es una visita mensual a un terapeuta hasta los 18 años. Supongamos también que logremos que su madre concurra a algunas de esas citas y la mitad de las sesiones serían individuales para ella sola (ya que ella es parte de la ecuación y está comprobado que trabajar con los padres es un modo de mejorar los resultados). En un período de ocho años, esto suma 144 citas a un costo estimado de 75 dólares por sesión lo que equivale a 10.800 dólares solventados por la sociedad.

Si Nathan se tomara una sobredosis con una droga fuerte y requiriera hospitalización una sola vez, gastaríamos mucho más que eso. Un año en la cárcel, por otro lado, costaría alrededor de 22.000U$. Pero si Nathan finalizara su escuela secundaria, ganaría un promedio de 7.000 dólares más al año, lo que significaría que con sólo sus impuestos adicionales del Seguro Social reembolsaría ese dinero en 20 años, dejando otros 25 años para que la sociedad gane dinero con esa inversión en salud mental. Para cuando Nathan se jubile, tendremos un reembolso del 120% de nuestro dinero. Como dijimos, Warren Buffet nunca vio una oportunidad tan buena.

Obstáculo tras obstáculo

Entonces, sintetizando: los niños sin seguro de salud necesitan de sus padres para que la atención a su salud mental sea efectiva; a su vez, esos padres tienen dificultades para articular tareas como tener el refrigerador con suficiente comida y al mismo tiempo, llenar la complicada montaña de papeleo que implica una inscripción. Nadie contiene la respiración por esto. Pero Nathan tiene también que lidiar con su complicada situación familiar.

Aún aquellos con seguro integral y con voluntad para lograr que le brinden atención mental, pueden chocar con el problema de escasez de prestadores de servicios u otros obstáculos igualmente de difíciles.

Podrían llamar y no encontrar un profesional que tome nuevos pacientes; es posible que encuentren un profesional que tome nuevos pacientes pero que no acepte pacientes con Medicaid; pueden ser registrados en una lista de espera o darles una cita dentro de meses; el profesional podría estar localizado en un lugar inconveniente con dificultades de transporte. Los residentes en zonas rurales podrían estar en peores condiciones, fastidiados porque la gente de la ciudad simplemente tiene que conducir en el mismo lugar sin tener que ir a otro pueblo para concurrir a una cita; el prestador sanitario más cercano podría estar a horas de distancia especialmente en los estados del oeste con menor población.

Si todos esos obstáculos pudieran ser vencidos, seguiría existiendo la estigmatización de la enfermedad mental que todavía no nos quitamos de la espalda de nuestra sociedad; sin duda hay progresos pero son exasperadamente lentos. Además es difícil entusiasmarse por una atención de la salud que no implique realmente remedios; nos gustan los remedios y nos parecen infinitamente más deseables porque es difícil motivarse por un largo y tedioso proceso de psicoterapia que, a menudo, (parafraseando a Freud) simplemente transforma la miseria en infelicidad ordinaria (y eso se considera un gran éxito). (Sabemos, para que conste, que la atención de la salud conductual va más allá de esto; en sus diversos enfoques, estas terapias pueden ser no sólo transformadoras y curativas sino también brindar una segunda oportunidad para una vida productiva y feliz.)

En resumen, se presentan dos problemas principales: uno es un problema de dinero, que probablemente sólo puede ser resuelto de manera integral a nivel federal o estatal; el otro es un problema de logística, una cuestión que puede ser resuelta a nivel local sin una ley del Congreso (y luego, replicada en todas partes). A continuación profundizaremos sobre la cuestión logística y, más adelante, el tema financiero.

De vuelta a la escuela

Hagámoslo fácil. Creemos que Estados Unidos puede reducir este problema en buena parte a través de algo bastante simple: mediante la instalación de servicios de salud conductual en las mismas escuelas y la agilización del proceso para que los niños y sus familiares tengan acceso a los servicios.

Las escuelas ya disponen de orientadores quienes tienden a centrarse en las pruebas de examen, la planificación escolar, las inscripciones universitarias y temas por el estilo. Algunas escuelas cuentan con trabajadores sociales residentes que podrían estar atendiendo numerosas escuelas; y al igual que los trabajadores sociales que mencionamos en el capítulo anterior, a menudo atienden un número de casos demasiado alto para permitirles un trabajo psicológico eficaz. La cobertura es irregular y no es de lo que tratamos aquí.

En lugar de eso, sería deseable ver a psicólogos, psiquiatras y otros terapeutas que, en realidad, establezcan sus prácticas para los niños y sus familias en las mismas escuelas. Una vez que suena la última campana, por lo general, hay mucho espacio disponible para ser utilizado y, probablemente, en las escuelas donde fuimos, podría haber lugar para algunos prestadores durante el día también. (Sabemos de una escuela que brindó terapia en un lugar sorprendentemente amplio que antes había sido un armario de limpieza). En este escenario, la escuela no tendría que contratar los profesionales sino, más bien, darles espacio y dejar que ellos facturen a las aseguranzas como siempre lo hacen. (Para los no asegurados o aquellos con seguros catastróficos, sería útil establecer una estructura de honorarios con una escala variable pero esto es, por supuesto, una cuestión logística más comprometida, por separado, y que implica mayor disponibilidad de dinero).

Este tipo de funcionamiento con base en las escuelas sería un gran paso hacia la eliminación de barreras prácticas y psicológicas a la salud conductual. Encontrar un profesional puede ser arduo pero sería mucho menos si ya se sabe dónde uno o dos de ellos prestan sus servicios. El transporte al consultorio de un profesional también puede ser difícil porque podría estar muy distante o requerir energía emocional adicional para aprender cómo llegar a un nuevo lugar. Pero ese no sería el caso si trabajan en la escuela.

Este sistema también reduciría la carga logística de los padres que, a menudo, no tienen los recursos para obtener la atención de la salud, en primer lugar; su función se reduciría de crucial a opcional. Hoy en día, si un maestro o un enfermero escolar recomienda a un padre que su hijo reciba ayuda, por lo general es responsabilidad de los padres hacer las llamadas telefónicas y proporcionar el transporte. Si en cambio, el prestador trabajara en una escuela, la situación podría ser tan simple como avisarle a los padres que la atención de la salud del alumno estaría aconteciendo. (Esto funcionaría principalmente para Medicaid en los casos que no involucrarían copagos. De ningún modo estamos proponiendo que las escuelas conspiren para acumular cuantiosas facturas a espaldas de los padres.)

Para subir la nota (algo que sabemos que los profesionales de la educación aman), existen otros aspectos que podrían ayudar a asegurar que todos los estudiantes encuentren la atención que necesitan para tener éxito en la escuela:

- Recopilar información sobre el seguro médico durante la inscripción escolar y obtener permiso para enviarla a los prestadores de servicios in situ. Eso, más tarde, ahorraría un paso.

- Planear la visita periódica de una persona que inscriba en un seguro de salud (que pueda hacer el cambio de cobertura de Medicaid y Affordable Care "Obamacare" Act) y que se asegure de que las familias sin seguro lo obtengan.

- Organizar el transporte domiciliario para los niños que se quedan después del horario escolar para acudir a sus citas. (Puede utilizarse el mismo autobús que el equipo de fútbol usa para llevarlos a sus hogares.)

- Proyectar abrir las puertas a los prestadores de atención primaria de salud también.

- Si usted tiene niños que necesitan ayuda y no pueden obtener un seguro de salud, averigüe si el distrito o alguna otra entidad (como una fundación local, el departamento de extensión comunitaria del hospital o una organización sin fines de lucro que trabaje en el desarrollo de la juventud) puede complementarle la atención sanitaria.

Existen muchos modelos para la atención de la salud con base en la escuela y, si tuviéramos una varita mágica, en realidad haríamos algo más integral que esto; pero sigue agradándonos este modelo porque tiene una barrera de entrada muy baja. Las escuelas pueden permitir que los profesionales utilicen el espacio que no usan de todos modos y, tal vez, desarrollar un poco más de trabajo logístico; y no hay fuentes de financiación que gestionar (a menos que alguien realmente quiera ir más allá del deber). Pero para la versión de este "mundo ideal", si desea indagar más, le recomendamos una búsqueda rápida en las "escuelas comunitarias de servicio completo" y en los "centros escolares de salud".

DIARIO DE DOM

Hace mucho tiempo que dejé de sorprenderme por la falta de compromiso de algún estado con el cuidado de la salud mental para nuestros padres más vulnerables. Mientras hay estados y ciudades que fomentan la capacidad para afrontar problemas de salud mental sin tratamiento, otros están muy atrasados. Los organismos podrían hacer una evaluación completa de la salud mental de los padres cuyos hijos fueron puestos bajo custodia, lo que parece prudente, excepto que también es exactamente allí donde está el límite en algunas jurisdicciones. Si se encuentran problemas durante la evaluación (lo que es común), a las personas altamente vulnerables y disfuncionales se les dice que busquen un lugar para obtener ayuda, que lleguen hasta allí y averigüen cómo pagarla. Incluso con un trabajador social amable ayudándolos a orientarse, esas son algunas grietas bastante amplias y está casi garantizado que la gente cae en ellas, especialmente en los sectores de bajos ingresos y las zonas rurales.

Si bien este capítulo se centra en la atención de la salud mental, ayudar a las familias a afrontar las Experiencias Infantiles Adversas (EIA) también puede implicar asegurar que los padres de bajos ingresos estén conectados a algún lugar donde vivir seguro, un suministro de alimentos estable, opciones de transporte asequibles y ayudarlos a encontrar y mantener un trabajo. Esto significa que cada comunidad necesita no sólo construir su red de salud mental para abordar las EIA, sino también asegurarse de que las familias en su conjunto reciban la ayuda que necesitan, lo que también contribuirá a abordar las EIA. No estamos sosteniendo que las escuelas deban convertirse en organismos de servicio social hechos y derechos (sin por lo menos, mayor presupuesto y más personal). Pero cada distrito debe ser consciente que al menos la mitad de su población estudiantil sufre o sufrirá pronto EIA y que es fundamental buscar una solución.

Oferta y demanda

La idea de instalar servicios de salud conductual en las escuelas (que, ciertamente, no es una idea original nuestra y de la cual, obviamente, somos grandes fans) es genial pero no llegará lejos a menos que abordemos un problema más amplio: No hay suficiente cantidad de profesionales. En los Estados Unidos, hay alrededor de 3.000 condados y un número significativo de ellos tienen pocos o ningún profesional en salud conductual.

La escasez tiene dos componentes. En primer lugar, simplemente no hay suficientes profesionales de la salud mental en general para satisfacer la demanda. Pero eso, con el tiempo, será doblemente cierto (o aún más); debido a que somos un equipo optimista, pensamos que la concientización sobre los buenos tratamientos de salud mental seguirá aumentando y se traducirá en el aumento de pacientes que busquen ayuda. Cuanta más gente como el Príncipe Harry viaje dando entrevistas sobre salud mental (uno de sus proyectos) más nos agradan nuestras perspectivas.

Seguro privado, Medicare y Medicaid: Qué funciona y qué no

¿Cómo aumentar la oferta de profesionales? Como se mencionó anteriormente, se trata de un problema financiero y, específicamente, de Medicaid. Mientras que la mayoría de los niños están cubiertos por planes de seguros privados a través de los empleadores o por las cámaras de seguros, alrededor del 40 por ciento de los menores de 18 años están en Medicaid. (El programa también paga la mitad de todos los nacimientos.) Cuarenta por ciento puede parecer demasiado, pero es incluso más de lo que se supone. Debido a la conexión inextricable entre pobreza y salud mental, Medicaid en realidad resulta ser el mayor comprador de servicios de salud mental en el país. El problema es que no paga mucho.

Las tasas de reembolso de los seguros son increíblemente complicadas y varían por estado, pero aquí le presentamos una versión rápida: Para cualquier servicio dado, el seguro privado por lo general paga más; por esta razón, los médicos y los hospitales adoran los seguros privados pero no hace falta decir que esas compañías paguen tanto porque adoren los médicos: pagan porque influyen poco en el mercado, motivo por el cual pueden ser sobrecargados fácilmente.

El siguiente en la lista es Medicare que paga menos y sólo cubre a las personas menores de 65 años si son discapacitados. Los prestadores hablan despectivamente de Medicare y lo aceptan un poco menos que los seguros privados, pero las tasas de participación siguen siendo muy altas. Los prestadores todavía hacen publicidad dirigida a nuevos pacientes de Medicare lo que nos hace suponer que las quejas están vinculadas con el hecho de que Medicare no puede ser atropellada del mismo modo que las aseguradoras privadas.

Finalmente en esa lista aparece Medicaid que paga significativamente menos que Medicare; los prestadores todavía se quejan de no poder ganarse la vida con los precios de Medicaid pero parece más verdadero que cuando hablan de Medicare. Por supuesto, no es técnicamente verdadero: Muchos profesionales ven un montón de pacientes de Medicaid mientras logran pagar la factura de luz de la oficina y cargar gasolina en el tanque de su automóvil. Se ganan la vida pero, la escasez general sugiere notablemente que no es una vida particularmente estupenda en comparación a otras opciones profesionales que tienen a su disposición.

Entonces, ¿cómo se soluciona esto? Aquí presentamos algunas ideas alentadoras:

Idea Uno: Aumentar las tasas de reembolso

Es una solución obvia pero debemos mencionarla de todos modos. Si se paga más a los proveedores por prestar servicios de atención de salud mental, rápidamente habrá mágicamente más de ellos. La ventaja de esta cura es su simplicidad, excepto por esa porción que probablemente implica un acto del Congreso y una enorme suma de fondos. Una alternativa menos costosa sería simplemente aumentar las tasas para los profesionales en las zonas rurales donde la escasez es particularmente aguda.

Idea Dos: Otros incentivos para futuros prestadores

La educación médica es costosa y se podría ofrecer una ayuda sustancial a cambio de, por ejemplo, cinco a diez años de servicio -después de la graduación- dedicados a la práctica en una zona rural o en zonas carentes de atención médica. Ya hay modelos listos para su investigación. Uno de ellos podría funcionar en su región.

Eso es todo en cuanto a ideas obvias. A partir de aquí, nos volvemos creativos, quizás incluso locos.

Idea Tres: Telemedicina

Podría, en teoría, desempeñar un papel importante en la prestación de servicios a las zonas rurales. Se puede atender por Skype la mayor parte de las necesidades en salud del comportamiento; el terapista podría estar en Phoenix o Pittsburgh (o Bangalore o Ciudad del Cabo, para el caso). Los programas que realmente implementan esta idea parecen estar dispersos y ser muy innovadores; seguramente, habrá otros obstáculos a superar pero podrían brindar parcialmente una solución a la hora de distribuir salud conductual desde las áreas urbanas.

Idea Cuatro: Ampliar la definición de cuidador

La psicoterapia no es dominio exclusivo de personas que detentan varios títulos antecediendo sus nombres. Sacerdotes y otros líderes religiosos lo han hecho desde los días en que "la medicina" era sólo básicamente unas pocas personas acarreando bolsitas de hierbas y sanguijuelas. La mayoría de nosotros tenemos amigos o familiares que son particularmente solidarios y que nos ayudan a hablar. Los grupos de recuperación de doce pasos también utilizan una especie de psicoterapia. Algunas universidades entrenan a "consejeros entre compañeros" para administrar ayuda menos formal a otros estudiantes. Si se pudiera movilizar estas personas para que hablen con otros, se podría aumentar la capacidad.

Idea Cinco: Inteligencia artificial

Los "entrenadores artificiales" de chatbot han sido utilizados para ayudar a los refugiados sirios y a algunos estudiantes universitarios, ¿por qué no a otros grupos? Sin duda, habría que poner en marcha algunos salvaguardias, pero si funciona, funciona.

DIARIO DE DOM

Una de mis organizaciones clientes había recientemente obtenido algunos fondos para desarrollar una capacitación en servicios de referencia de salud mental, una técnica denominada "Primeros Auxilios en Salud Mental". Estaban ansiosos por capacitar en todo el estado, ayudar a la gente y, sin duda, desarrollar diversos aspectos naturalmente impactantes. El programa de entrenamiento en sí fue estupendo. Ayudó eficientemente al personal escolar a identificar signos de estrés mental, depresión y sentimientos de suicidio.

Pero venía adjunta una advertencia optimista: No implementar a menos que se disponga de suficientes profesionales de salud mental en la zona para gestionar el aumento de la demanda. Compartí esas preocupaciones temiendo que el entrenamiento fuera realmente tan bueno "Ciertamente no impulsaríamos a los residentes que se hagan la prueba del SIDA si no hubiera pruebas disponibles, ¿verdad?", dije. Sugerí hacer un análisis de la capacidad de salud mental en las diversas comunidades destinatarias antes de desplegar todo el alcance.

De todos modos, el cliente siguió adelante con el entrenamiento a pesar de conocer la escasez de profesionales de atención de salud mental. Después de todo, el financiamiento federal era para la capacitación y no para la capacidad de profesionales. Como resultado, el programa no tuvo un gran impacto. La gente aprendió acerca de la salud mental pero luego entendió que no se podía hacer mucho al respecto.

La salud mental es una parte crucial del panorama general de las Experiencias Infantiles Adversas. Somos un grupo adaptable y, muchos de nosotros, literalmente podemos persuadirnos de adquirir hábitos más saludables cuando, de lo contrario, nos dañaríamos a nosotros mismos y a otros. Eso implica: mejores relaciones humanas, mejores perspectivas económicas, más impuestos pagados y menos delitos cometidos. Solo tenemos que conectar tres puntos: niños, padres y profesionales. En la actualidad, esas conexiones son débiles y frágiles pero, con un empujón de las escuelas y un poco de creatividad en la comunidad más amplia, podríamos fortalecerlas en modo inconmensurable, incluso sin la ayuda del Congreso.

En otras palabras, deberíamos ocuparnos y deberíamos estar ocupándonos ya mismo. La conciencia sobre salud mental es todavía demasiado débil y, la mayoría de nuestros estados carecen de un tipo de grupo inteligente y bien financiado para educar al público y a los políticos sobre estos temas.

DIARIO DE KATHERINE

Las Naciones Unidas no suelen ser asociadas con la concientización sobre la salud mental pero, en realidad, tienen algunas recomendaciones al respecto, tales como: construir servicios comunitarios de salud mental, desarrollarlos en hospitales generales, integrar los servicios de salud mental en los centros de atención primaria, construir servicios comunitarios informales de salud mental y promover el autocuidado con tecnología, especialmente del tipo que se puede utilizar en los teléfonos móviles. Las recomendaciones estaban dirigidas, por supuesto, a los países en desarrollo pero aquí está el problema: Nosotros debemos acatarlas también. Todas ellas.

Trabajo sobre el estigma

Sabemos que en algunas comunidades la idea de contar secretos familiares a un extraño (como por ejemplo, a un profesional de salud mental) no es aceptable. La violencia doméstica, el abuso, la negligencia, el abuso de drogas entre los miembros del hogar: no son asuntos para extraños. La gente teme que hablar tenga como consecuencia un llamado a los servicios de protección de menores u otras fuerzas del orden o incluso, a las autoridades de inmigración. Otros temen perder el control sobre sus cónyuges e hijos. No hemos hecho un buen trabajo explicando cómo funciona el cuidado de la salud mental por lo cual debemos desarrollar una tarea de educación pública muy específica y a largo plazo, especialmente en las comunidades más afectadas por las Experiencias Infantiles Adversas.

Mientras tanto, los estigmas se ven reforzados con demasiada frecuencia por dramas televisivos que implican que la enfermedad mental es sinónimo de caos y asesinato. (La realidad, por supuesto, es que la enfermedad mental se parece más probablemente a alguien que está terriblemente triste o paralizado por la ansiedad; todo lo cual, por supuesto, perjudicaría a la televisión.)

Pero esto está cambiando con cada personaje público famoso que habla de su propia lucha y con cada nuevo prestador de atención primaria que examina nuevos pacientes y pregunta sobre estos aspectos. Mientras tanto, nuestro mundo hiperconectado está cada vez más capacitado para absorber rápidamente cambios radicales. La historia justa de una persona famosa o el justo "hashtag-#" (de las redes sociales como Twitter) bien podría ayudar a dar un salto cualitativo en la concientización sobre salud mental y esperamos que así lo haga. Al fin y al cabo, fue necesario que Magic Johnson se abriera a hablar sobre el SIDA para conmocionar al mundo y para que, finalmente, se aceptara la epidemia, muchos años después de que los gays y sus amigos defendieran la necesidad de una atención compasiva para los enfermos de SIDA.

Consecuencias

Este punto de inflexión no puede tardar mucho en llegar. Incluso si usted tiene la suerte de disfrutar de una excelente salud mental, está pagando el precio también. Perdemos unos 190.000 millones de dólares en productividad económica cada año porque no estamos conectando los puntos que remiten a los traumas y problemas de salud mental sin tratamiento. Eso es sin contar los gastos que cubrimos de las salas de emergencia, hospitales, organismos de bienestar infantil, policía, fiscales, jueces y prisiones.

Y hay un costo final, compartido por todos nosotros, de mirar a un niño de 11 años en la cara y decirle que no lo podemos ayudar. Cuando lo hacemos, deshonramos su potencial y nos mentimos a nosotros mismos. En una nación tan rica, creativa y tecnológicamente avanzada como la nuestra, no tenemos ninguna excusa legítima para no garantizar la atención de la salud mental de todos los niños y adultos.

Por ser Estados Unidos: ¿por qué su código postal no debería determinar su destino?

La historia de Ana

Cuando no estaba en una casa de acogida o con su madre, Ana se encontraba frecuentemente al cuidado de los familiares de su madre. Durante años, al parecer, hubo muchos adultos en su vida y, aunque algunos de ellos estaban preocupados, ninguno pudo evitar que su madre la asesinara. Sólo podemos imaginar cómo las cosas podrían haber sido diferentes si su madre hubiera tenido acceso a un programa de visitas domiciliarias cuando Ana nació. Tal vez ese cuidador entrenado podría haber ayudado a Casandra a encontrar servicios que pudieran ayudarla a tratar su depresión posparto. Y si Ana hubiera estado en un programa de educación de la primera infancia de calidad, tal vez esos educadores podrían haber intervenido cuando las señales de problemas se hicieron evidentes. O, si Ana hubiera tenido un mentor a largo plazo de una organización como la de Big Brothers Big Sisters en su vida que la visitara semanalmente durante varios años, esa "hermana mayor" -proveniente de afuera de la familia disfuncional-, podría haber estado en condiciones de intervenir a tiempo. Hay muchos "si" en este escenario pero, sabemos lo siguiente: Cuando un segundo, tercer o cuarto par de ojos bien entrenados están puestos sobre un niño, ese niño tiene mayores posibilidades de evitar el destino de Ana.

NOSOTROS, LOS HUMANOS, obtenemos todo tipo de satisfacción disfrutando del resplandor de nuestros propios logros. Grandes avances en el trabajo, reformas menores en la casa o, un ensayo de la carrera universitaria en la profundidad de los arcones de recuerdos - todos disfrutamos recreando cómo metafóricamente (o a veces literalmente) bateamos fuera del campo. Pero aquellos de nosotros con días de universidad para recordar, con casas para mejorar y trabajos importantes donde progresar, tendemos a pasar por alto nuestro mayor logro de todos: Nacer en el área con el código postal correcto. (¡Y eso es pura suerte!)

Esa conferencia pudo haber cautivado la multitud pero su decisión (que por supuesto no fue en absoluto su decisión) de nacer en el lugar correcto, con los padres justos, merece el tipo de ovación de pie que normalmente se reserva a los ganadores de la medalla de oro en los Juegos Olímpicos. En serio, esa fue una decisión sumamente importante que cambió casi todo en su vida para mejor y usted pudo lucirse. Podría haber elegido el código postal número 87121, como un total desafortunado pero, en su lugar, probablemente eligió a padres (énfasis en el plural) que lo condujo a un hogar en el código 87048.

Hay mucho para apreciar en el código postal 87048. Veamos una rápida comparación:

	87048	87121	EEUU
Porcentaje con estudios secundarios completos o más	94.3%	73.3%	86.7%
Ingreso familiar promedio	U$79.792	U$40.816	U$53.889
Índice de pobreza	7.1%	25.4%	15.5%

Estos dos códigos postales se encuentran a una corta distancia entre sí. Uno es la esquina suroeste de la ciudad de Albuquerque y el otro corresponde a una comunidad dormitorio adinerada en el lado norte de su zona metropolitana. Pero es fácil saber que sólo una tiene amplias escuelas, hermosa infraestructura y casas bastante acordes con el código postal. Sólo una tiene calles que a usted probablemente no le importaría caminar cuando esté oscuro.

Mientras que el trauma infantil se da en todos los niveles socioeconómicos, las altas puntuaciones de Experiencias Infantiles Adversas se asocian frecuentemente con la pobreza y es más probable que las encuentre en la zona del código 87121. (Pero usted encontrará trauma también en el 87048.) La diferencia es otra historia que usted ya ha escuchado: los sistemas disponibles para amortiguar el golpe son probablemente mucho mejores en esa unida comunidad dormitorio, tanto en vinculación a programas formales gubernamentales y de organizaciones sin fines de lucro como las redes informales de amigos y familias que se cuidan entre sí.

Los padres con recursos simplemente educan a sus hijos de manera diferente. (Y aquí debemos enfatizar que "recursos" en este capítulo significa un hogar que tiene dos padres que probablemente hayan concurrido a la universidad y no tiene mucha relación con las cifras de una declaración de impuestos.) Esos padres aceptan la crianza de los hijos como un proyecto complejo que requiere reflexión constante, consulta con otros padres e investigación sobre las mejores prácticas. Ocasionalmente llevan esto a niveles positivamente irritantes (como cualquier persona sin hijos en una fiesta llena de padres podría atestiguar) pero, sin embargo, es un trabajo importante.

Fundamentalmente, los padres con recursos también buscan construir un amplio universo de influencias positivas y de mentores para sus hijos -un mundo dentro de un mundo-, que sirva para educar, modelar un buen comportamiento y, ocasionalmente, entrar en roles parentales sustitutivos. Los niños de este mundo irán al preescolar, jugarán deportes después de la escuela y concurrirán a una lista impresionante de otras actividades extra-curriculares, incluyendo citas para jugar con otros niños que crecen en mundos similares. Probablemente conocerán por lo menos a algunos adultos que no son sus padres pero que están profundamente involucrados en su éxito y servirán de confidentes o con conexiones para oportunidades educativas y laborales, tanto en la juventud como a lo largo de la vida. Además los padres con recursos se encargarán de que sus gobiernos locales cumplan con sus responsabilidades también. El proverbio de que "se necesita una aldea para criar a un niño" puede ser que sea usado exageradamente pero los padres bien dotados de recursos saben que es verdad. (Esto no quiere decir que los padres sin recursos no quieren lo mejor para sus hijos.)

Deirdre

Ese tipo de infancia suena idílico y espero que para sus oídos, suene totalmente normal. Pero considere lo que parecía para Deirdre: ella es el tipo de persona que probablemente viva en el código postal que usted ingeniosamente eligió no crecer. Ella tiene 21 años y ha estado trabajando como empleada en una gasolinera durante unos años desde que se graduó de una escuela secundaria de nivel bastante pobre. Fue criada por una madre que tenía dificultades, sufría de depresión sin ser tratada y era adicta a calmantes. Cuando su padre estaba en su casa (lo que era raro), la golpeaba. Baste decir que el puntaje de Deirdre en Experiencias Infantiles Adversas está por encima de las listas. Considerando toda su situación, en realidad es un poco milagroso que haya finalizado sus estudios y que esté trabajando en un empleo remunerado (aunque sea modestamente).

Pero ¿cómo puede ser el futuro de Deirdre? Tiene pocos amigos y todo tipo de problemas para relacionarse con los demás ya que nunca vio un comportamiento saludable mientras crecía. Tenía pocas conexiones profesionales, su vocabulario era limitado y su desconocimiento de las costumbres en los lugares de trabajo colaborativos la habrían excluido de esas oportunidades de todos modos. Algunos de sus compañeros tuvieron la suerte de ser criados no sólo por sus padres sino también por una serie de entrenadores cariñosos, líderes religiosos y miembros de la familia, pero Deirdre no tiene tal red a la cual recurrir.

Podríamos anunciar con trompetas y tambores un escenario hipotético en el que Deirdre le dé un vuelco con la pura fuerza de su personalidad. En esta pequeña y placentera fantasía, ella sigue sus estudios en un centro de educación superior e ingresa en un oficio bien remunerado, superando sus considerables desafíos para lograr esa magnífica grandiosidad que se suele ver al final de muchas películas. Tal escenario de arranque ha sucedido algunas veces pero es raro, porque pocas personas tienen ese tipo de personalidad y porque todos somos criaturas sociales influenciables; generalmente hacemos lo que quienes nos rodean, están haciendo. Típicamente en familias con recursos, la búsqueda meticulosa de educación superior se inculca como una expectativa desde una edad temprana (que es una manera elegante para decir que nos empujan y también casi que nos intimidan para ir a la universidad y hacer algo positivo de nuestras vidas). Y dado el inmenso desafío a largo plazo que supone la educación superior, ese impulso semiautoritario es probablemente algo muy necesario.

Pero Deirdre fue abandonada a sus propios recursos y tomó la trayectoria laboral más obvia, razón por la cual trabaja en la gasolinera, mirando un horizonte de trabajos similares. Probablemente, su salario a lo largo de su vida será lo suficientemente bajo como para que reúna los requisitos para el Earned Income Tax Credit (Crédito Tributario por Ingreso del Trabajo), para obtener cupones de alimentos, Medicaid y otras ayudas. Aún si Deirdre pudo escapar de su infancia firmemente sin una adicción o un problema importante de salud mental, todavía está en grandes problemas económicos a largo plazo. Creció con bajos ingresos, con una serie de oportunidades limitadas. Alternar por diversos trabajos sin futuro es, trágicamente, algo así como lo mejor de este escenario.

Hay una fisura más en la historia de Deirdre a los 21 años: está a punto de tener un bebé llamado Ethan cuyo padre ya está fuera de alcance. Y esto, querido lector, representa un punto de inflexión para Deirdre y nuestra sociedad en general, así que todos debemos tomar algunas decisiones.

Una opción sería -como algunos seguramente harían-, regañar a Deirdre y considerarla un caso perdido. Algunos podrían decir que es irresponsable e incompetente y que, antes de tener un hijo, debería haber pensando en construir una vida un poco más estable que vivir en una casita alquilada, en un barrio con escasez de recursos y con un trabajo en una gasolinera. También ya podemos escuchar algún cínico malhumorado diciendo: "Estoy harto de la gente que no está lista para el desafío de ser padres y tener hijos y también estoy cansado de subsidiar sus errores".

Otra opción es poner nuestros motores de empatía en marcha y tener en cuenta lo ardua que ha sido la vida de Deirdre, recordando que usted está allí sólo por la gracia de Dios. ¿Cómo habría sido la vida de usted sin una figura paterna, excepto por la rara vez que lo visitó un extraño y le dejó moretones? ¿Y si a su madre le hubiera importado más drogarse que alimentarlo regularmente? ¿De verdad usted habría salido por su cuenta y se habría abierto camino a la grandeza desde ese infierno?

Tenemos otra sugerencia sobre qué opción elegir: No nos importa. Esta situación se trata menos sobre Deirdre (y si ella es una mera carga para el sistema o un alma perdida vista con compasión) y, en cambio, es más acerca del bebé a punto de nacer, Ethan. Ni la ira ni la empatía le darán a Ethan la infancia que deseamos para él; por lo tanto nuestra sugerencia es la siguiente: Sienta lo que le parezca acerca de Deirdre pero trabaje como un loco para construir un país en el que todos los códigos postales sean lugares buenos (o, al menos, tolerables) para crecer de modo que, en 20 años, Ethan no esté en el mismo lugar que su madre.

¿Cómo hacer eso? Tenemos tres sugerencias relativamente simples. Luego se complica pero lo invitamos a seguir leyendo.

Idea Uno: Los niños sí vienen con manuales de instrucciones

Hay algo de verdad en el viejo dicho que los niños no llegan con manuales de instrucciones pero no tanto como se podría pensar. Por cierto, cada niño tiene sus propias peculiaridades inexplicables y los padres nunca se cansan de especular acerca de ellos, pero son lo suficientemente similares como para que exista una especie de manual de buenas prácticas; flota en las conversaciones en las barbacoas en el patio y en los grupos de padres nuevos en las iglesias; aparece sin fin en los foros de Internet; emana de un vasto complejo industrial de libros con consejos para bebés y niños. Y es más formalmente sostenido por las impresionantes reservas estratégicas de pediatras de nuestra nación y las dedicadas almas que brindan servicios de enfermería a través de centros de llamados telefónicos.

Ethan necesita a Deirdre para conseguir una parte en esta acción y la mejor estrategia que tenemos para hacer que eso suceda es algo denominado visita domiciliaria. Esencialmente, eso significa enviar a una enfermera u otro profesional bien entrenado o un paraprofesional a su hogar para una visita semanal durante los primeros años para hacer preguntas, escuchar y repasar las mejores prácticas parentales. El visitador domiciliario trata de asegurarse de que Ethan esté sano, recibiendo todas sus vacunas y comportándose más o menos normalmente. (Idealmente, esto encajaría con la atención prenatal que Deirdre, con suerte, ya habrá recibido.)

Al mismo tiempo, el visitador domiciliario trata de asegurarse de que Deirdre esté haciendo esas pequeñas cosas que marcan toda la diferencia: los bebés necesitan ser sostenidos en brazos y alimentados y dormir la siesta; necesitan que les lean historias y que les hablen; es necesario mantenerlos alejados de los enchufes eléctricos sin protección y de los objetos pequeños que inevitablemente se meterán en la boca y posiblemente se atoren; tienen que ser mantenidos lejos de un novio intoxicado que se ofrece de niñero; cuando lloran o vomitan o tienen una sarna, hay procedimientos que seguir, gracias al gran manual de instrucciones informales. Para los niños de dos años, existen las mejores prácticas y hay otro equipo para niños de cinco años. Los padres, especialmente los solteros, también necesitan ayuda: necesitan un descanso de vez en cuando, para tomar una ducha por sí mismos; dormir un poco y salir de casa sin los niños. Los visitadores domiciliarios prestan atención también a los padres, asegurándose de que se tomen pausas periódicas. También pueden asegurarse de que Deirdre conozca las mejores opciones de planificación familiar para que el pequeño Ethan solo tenga un hermano o hermana, si ella está lista para eso.

Es muy posible que usted ya sea un conocedor de estas mejores prácticas. Está sentado ahí, asintiendo con la cabeza, pensando: "Bueno, sí, los enchufes deben ser tapados. Y el cielo es azul". Pero aquí hay una pregunta interesante: ¿Cómo sabe usted estas cosas? Usted puede haber visto este tipo de comportamiento con hermanos menores que lo inspiraron toda su vida o quizás haya visto amigos e hiciera muchas preguntas. Es posible que cuando tenía hijos haya llamado a mamá y papá todo el tiempo para consultarlos. O usted puede incluso haber aprendido todo lo que necesitaba saber en Internet. Pero piense lo siguiente: todas esas opciones no están efectivamente al alcance de algunas personas. Muchos no tienen los amigos o las conexiones o simplemente no son muy buenos en investigar cosas. El trabajo del visitador domiciliario es asegurarse de que Deirdre tenga algún tipo de entrada a ese mundo y siga el ritmo.

Todo parece tan mínimo e intrascendente: se trata simplemente de un experto relacionándose, haciendo demostraciones y empujando a un neófito en la dirección correcta. Pero le prometemos que estos pequeños detalles mueven montañas. Estas charlas pueden marcar la diferencia entre Ethan creciendo para trabajar en una gasolinera y Ethan creciendo para trabajar en un banco; hacen la diferencia entre tener un bebé a los 18 años y tener un bebé a los 28; marcan la diferencia entre ingresos bajos y medianos o incluso altos y, por lo tanto, la diferencia entre recibir asistencia pública para toda la vida o sólo una parte de la vida. Como ventaja adicional, se ha demostrado que los programas de visitas domiciliarias directamente reducen el abuso y el abandono de los niños.

Afortunadamente, estos programas de visitas existen pero, están lejos de ser universales. Medicaid dirige un programa piloto en algunas partes del país, al igual que algunas organizaciones sin fines de lucro. Mientras tanto, hay alrededor de cuatro millones de nacimientos cada año en los Estados Unidos y casi todos los padres probablemente podrían obtener algún beneficio de un programa de visitas domiciliarias. Una gran parte de personas con su propia historia de Experiencias Infantiles Adversas podría obtener un inmenso beneficio de tal programa y devolvería ese beneficio al resto de la sociedad en abundancia. Pero como es de esperar, esta colcha deja una gran parte sin cubrir.

Estamos utilizando términos vagos como "gran parte" porque no sabemos que haya una evaluación nacional exhaustiva sobre cuántos niños y progenitores solteros requieren desesperadamente de un programa de visitas. Dicho esto, probablemente no sería demasiado difícil de averiguar a pequeña escala, por lo que lo invitamos a encontrar un sobre y empezar a garabatear en su parte posterior: si tomamos los datos de nacimiento por código postal (o alguna otra región), los combinamos con las tasas de pobreza y el número de niños bajo custodia protectiva, luego cruzamos la referencia con el número de visitas disponibles en una determinada área, probablemente, obtendremos una idea decente de la situación que podría ser replicable en otros lugares. Ampliaremos más adelante sobre cómo usted podría hacer éste y otros análisis básicos en su comunidad. Pero, en general, creemos que esto sería una gran tema para la unidad de Mejora Continua de la Calidad que propusimos crear y dar a conocer en el capítulo de bienestar.

Sabemos que disponer de las cifras sería un buen comienzo, pero sin importar cómo sean seguimos teniendo el desafío de asegurarnos que cada nuevo padre reciba una visita. Una opción es que las ciudades o estados recauden un poco de dinero y simplemente contraten a administradores, enfermeras y otros expertos y pongan en marcha las visitas; y nos agrada la idea. Sin embargo, preferimos la siguiente solución que es aún más simple: que la visita sea un beneficio de salud estandarizado en los planes de seguro de salud, asegurando que su uso no cueste dinero.

Hace unos años el Congreso hizo algo en esta dirección cuando aprobó la Affordable Care Act (Ley del Cuidado de Salud a Bajo Precio), más conocida como "Obamacare." Con esa ley, se estandarizó la definición de seguro de salud a una lista específica de diez "beneficios esenciales de salud". En otras palabras, si una compañía de seguros de salud quería vender algo cuya denominación fuera 'seguro de salud', tenía que cubrir esa lista de los diez primeros beneficios; podrían incluirse copagos y deducibles, por supuesto, pero los beneficios esenciales debían seguir como "cubiertos".

Esa importante lista implicaba otra capa por debajo: ciertos servicios de salud, la mayoría de ellos involucrando exámenes preventivos y vacunas y también (más controvertido) control de la natalidad, no sólo tenían que ser cubiertos, sino cubiertos con "cero costo compartido", un término técnico que muchos erróneamente resumieron como "gratis" (algo parecido a la idea de desayuno "gratuito" de un hotel que usted en realidad pagó, pero de una manera diferente.)

Si bien existen diversas maneras de financiar la visita domiciliaria, la forma más simple es probablemente sólo agregarla a esa lista. Haga eso y los proveedores médicos de repente tendrán un fuerte incentivo financiero para hacer un enérgico acercamiento a los nuevos padres y mayormente hacer que las visitas ocurran.

Incluso podríamos ir un paso más allá y tratar de sobornar a las futuras madres para que entren en el sistema sanitario como hacen en Finlandia. Ante una alta tasa de mortalidad infantil hace 75 años, el gobierno finlandés comenzó a repartir cajas de cartón con ropa de bebé y otros artículos esenciales; la misma caja además tenía la base de un colchón que se podía convertir en la primera cuna del bebé. Mientras que la caja y las golosinas en su interior tendían a captar toda la atención, los expertos atribuyeron la caída en la tasa de mortalidad infantil (ahora inferior a la nuestra) al hecho de que la obtención de la caja también requería citas de atención prenatal y, en general, para desarrollar una estrecha relación con el sistema médico, que es lo que realmente ayuda a la salud y la seguridad del bebé.

Esto no será fácil. El costo de estos servicios sería absorbido por todos los que pagan impuestos o todos los que pagan los costos del seguro, dependiendo de cómo se haga. Y, por supuesto, la gente resiste pagar más para ayudar a los pobres que no saben cómo criar hijos y que creen que no deberían haber sido concebidos en primer lugar. Como defensores de los niños, categóricamente no debemos responder a este gruñido con el horror y los argumentos de empatía que sólo atraen a quienes están de nuestro lado. En su lugar, debemos señalar a los escépticos que unas pocas visitas de enfermeras para niños son en realidad mucho más baratas que unas pocas visitas para la rehabilitación de drogas o a la cárcel para adultos. Y podría incluso retrasar el siguiente embarazo, dejando a los padres con más tiempo disponible para ponerse manos a la obra sin la ayuda de los contribuyentes.

También debemos añadir, dada la naturaleza volátil y corruptible del liderazgo de esta nación, que los gobiernos de las ciudades y de los estados podrían ser la primera línea de defensa en esta materia, incluso si la acción nacional fuera más eficiente.

Está totalmente dentro del abanico de opciones de una ciudad rica como Seattle, crear fuentes de financiación para garantizar visitas domiciliarias a cada nuevo padre que esté interesado. En cambio, las ciudades más pobres podrían explorar opciones en el estado o condado, de la misma manera que los departamentos del sheriff y de las fuerzas policiales son estatales, en lugar de ser policías de la ciudad. Pero sin embargo funciona, lo sabemos: los datos nos dicen que invertir ese dinero cuando los niños son jóvenes evitará episodios mucho más costosos que implican programas de salud conductual y sistemas de bienestar infantil.

Idea Dos: Los primeros años y la urgente necesidad de educación preescolar universal

Adelantamos un poco la película y Ethan ahora tiene tres años. Aunque todavía no lo sepa, él es uno de los afortunados. Deirdre fue avisada de un programa de visitas y una enfermera visitadora fue capaz de identificar varios problemas alrededor de la casa y lagunas en el conocimiento de Deirdre sobre la crianza de los hijos que podrían haber puesto a Ethan en peligro. Por ejemplo, Deirdre había oído hablar del remedio casero -desautorizado- de dar a los bebés un poco de alcohol para ayudarles a dormir especialmente durante la dentición; esta práctica en realidad puede derivar en efectos desde vómitos hasta la muerte, pero la enfermera fue capaz de impedir esta catástrofe antes de que comenzara. La enfermera también notó que los gabinetes requerían protección para niños y le explicó cómo adaptarlas a un costo mínimo. Y cuando Ethan era todavía un recién nacido, la enfermera notó que Deirdre estuvo lloriqueando y abrumada por varias semanas seguidas por lo cual la remitió a un terapeuta y consiguió su ayuda para la depresión posparto.

Sin embargo, el peligroso viaje de Ethan a la adultez apenas está empezando. Deirdre se las ha arreglado para acabar con los peligros físicos obvios de la casa y logra que Ethan duerma sin poner en peligro su salud; sin embargo, siendo madre soltera con un trabajo a tiempo completo y poco apoyo familiar, la necesidad de un cuidado infantil educativo de alta calidad para Ethan era obvia y fundamental.

Los bebés absorben enormes cantidades de información en los primeros años de vida; sus cerebros son como esponjas absorbiendo velozmente todo tipo de estímulos externos; miran en los teléfonos móviles, juegan con juguetes interesantes y se deleitan con las caras entusiastas de los adultos acercándose y haciendo todo tipo de sonidos enriquecedores que un día identificarán como palabras. No pueden realmente hacer nada productivo, por supuesto, pero lo que aprenden en los primeros años es una base fundamental sobre la que se construyen las futuras carreras y relaciones humanas. (Cuando le decimos a una pareja que "eres tan parecido a tu madre", estamos hablando de un proceso que comienza aquí.)

Una vez que empiezan a hablar y descubren que su personalidad está separada de una manera esencial de mamá y papá y de las otras personas a su alrededor, el proceso más convencionalmente conocido como "aprendizaje" se larga a alta velocidad. Los niños preescolares juegan mucho con los demás y es una base importante para todas las relaciones de colaboración que tendrán para utilizar en la escuela y, más tarde, en los lugares de trabajo. También aprenden sobre la gratificación básica postergada ("termina tu cena si quieres comer postre"), el control de comportamiento ("no golpeamos a otras personas") y habilidades elementales de razonamiento ("ese coche hace un ruido y el camión grande hace un ruido más fuerte").

Una vez observamos un modelo perfecto de esta educación en la primera infancia en un recital de piano a la hora del almuerzo presentado en un museo de arte en una ciudad mediana del oeste. Una madre había llevado a su hija de tres o cuatro años al concierto, un movimiento que de inmediato las coloca como bien dotadas de recursos (de nuevo usando la definición de dos padres que probablemente fueron a la universidad); la madre entró en la sala, examinó la escena cuidadosamente y luego eligió un asiento junto a nosotros por la misma razón que nosotros nos habíamos sentado allí - se veían los dedos del pianista directamente, algo que sin duda hace esos conciertos más interesantes; tenía la ventaja de estar cerca del escenario por lo que la niña, con una desventaja vertical por ser más bajita, no se enfrentaría a una pared de cuerpos.

Podemos confirmar estas motivaciones porque ella explicó a la niña cada paso del proceso de selección mientras se sentaban; a medida que se sentaron, el impresionante aluvión de enriquecimiento parental continuó. Unos diez minutos antes de que empezara el espectáculo, la niña fue interrogada: ¿Se dio cuenta de la forma inusual del piano de cola? ¿Sabía por qué tenía esa forma? ¿Entendía que el despliegue de cuerdas cortas producía un sonido agudo mientras que el despliegue de cuerdas largas producía un sonido bajo? Por la forma del piano, ¿podía ella ver cómo podría contener algunas cuerdas largas y algunas cuerdas cortas? ¿Le gustaría acercarse para ver el interior del piano? ¿La gente agradable sentada junto a nosotros (que estaban convenientemente escribiendo un libro sobre la infancia), podía ser lo suficientemente gentil como para guardarnos los asientos mientras nos acercamos a echar un vistazo? (Señora, estaríamos encantados.)

Este estimulante ir y venir es cómo la gente con recursos cría niños. Cada una de esas interacciones construye sinapsis en el cerebro y una base que los niños utilizan para pensar su camino hacia la salud, el dinero y las relaciones de apoyo. No estamos subestimando el caso diciendo que las pequeñas conversaciones sobre pianos son los elementos básicos para una vida saludable y productiva.

Los niños pobres no reciben este tipo de tratamiento lo suficiente, a veces debido a la falta de conciencia pero, con mucha más frecuencia, gracias a la logística basada en la falta de tiempo en la paternidad o maternidad individual y los trabajos que implican largos horarios que sólo les deja tiempo para supervisar. Un progenitor solo, simplemente, tendrá que hacer el doble de esfuerzo para hablar con un niño por lo que dos padres harían. Mientras tanto, el aumento de la presión de ser el único sostén de la familia y la falta de conexiones familiares saludables también se traducen generalmente en una menor porción de este enriquecimiento conversacional. Y por las mismas razones que Deirdre no reconoció los peligros evidentes en su casa, probablemente no reconocerá la necesidad urgente de iniciar conversaciones más atractivas y mucho menos, tener el tiempo, conexiones o dinero para asistir a recitales y conversar sobre la estructura y el diseño de instrumentos musicales.

Esto significa que, para cuando Ethan cumpla cinco años, habrá escuchado un promedio de 30 millones menos de palabras que la Niña del Concierto y también se habrá retrasado en el control del comportamiento y las habilidades de razonamiento. A menudo la televisión es su verdadera niñera y eso no ayuda para nada a la ecuación. Brechas como esta generalmente se amplían con el tiempo y conllevan un problema de autoestima. Los niños que están atrasados tienden a quedarse atrás y unas buenas charlas con una enfermera servirían mucho para cambiar esta situación.

Esta es la enfermedad que un buen preescolar (término utilizado indistintamente aquí con *educación de la primera infancia*) tiene como objetivo curar. Quizás usted haya oído decir que todo lo que se necesita saber en la vida se aprendió en el jardín de infantes y, aunque sea un gran libro, el título no es literalmente cierto. Los niños preescolares no son pizarras en blanco y el jardín de infantes no es un asunto trivial; algunos llegan listos para hacer el trabajo y otros no; y el preescolar es nuestra mejor apuesta para equiparar los niños.

A veces, el preescolar es ridiculizado diciendo que es una guardería glorificada; probablemente, a los profesionales que hacen cosas económicamente productivas todo el día, les parezca un poco exagerado darle valor a los juegos cooperativos, las canciones y los proyectos de arte con fideos secos de niños de tres años. Parece que se divierten demasiado, algo que pocos de nosotros asociamos fácilmente con el aprendizaje (eso es para otro escándalo y otro libro). En cualquier caso, la línea de pensamiento sigue así: estas son cosas que podrían hacerse en casa; los padres son perfectamente capaces de supervisar estas actividades sin tener que recurrir a ningún tipo de institución y a dinero fiscal.

Estos argumentos no carecen totalmente de fundamento. Muchos padres son capaces de llevar adelante una excelente educación (estilo "hágalo usted mismo") para la primera infancia. (Y si ese pequeño pero impresionante cuadro de graduados de Harvard educados en casa sirviera de indicación, muchos otros también podrían tener altas calificaciones más tarde.) La niña del recital de piano probablemente podría seguir bien sin preescolar formal porque ella dispone de una profusa educación informal. (Pero lo más probable es que asista al preescolar de más alta calidad en la ciudad ya que su madre, sin duda, ha tenido tiempo de leer todos los artículos sobre la importancia de estos temas.)

La insinuación de que esta realidad niega la necesidad de la educación en la primera infancia es absurda. Se ha demostrado que el buen nivel preescolar reduce la brecha de rendimiento pero no hay evidencias que indiquen que las quejas incesantes sobre las prácticas de padres de bajos ingresos haga lo mismo. Además, no podemos evitar darnos cuenta de que no pocas personas de ingresos altos - quienes se quejan de los nuevos derechos- se esfuerzan enormemente para hacer ingresar a sus propios hijos en centros preescolares destacados, un proceso en el que se pone tanto en juego que casi se parece a las admisiones universitarias.

Y en cuanto a la supuesta falta de seriedad del aprendizaje entre los menores de cinco años, es sólo cuestión de que camine antes de que salga corriendo. La educación no es el dominio exclusivo de expertos bien dotados con doctorados que transmiten información compleja a mentes preparadas. A veces se trata de un pedazo de papel de color, un poco de pegamento y una caja de cartón reciclada de macarrones. Ríase todo lo que quiera: el camino a la universidad frecuentemente comienza en la sección de la pasta.

Pero yendo más al punto, mientras que la niña en el concierto probablemente funcionaría bien sin preescolar, Ethan en cambio podría afrontar serios problemas. Cuando estábamos ocupados escuchando a Chopin, lo más probable es que él estuviera mirando televisión o haciendo tiempo en una guardería que no alimenta mucho su cerebro. Muchos niños nacen en familias que no pueden permitirse enviarlos a la escuela preescolar o no tienen las habilidades o el tiempo para llevar a cabo algún acuerdo para enseñarles en casa. Paradójicamente, los niños que tienen menos probabilidades de ir al preescolar son los niños que más lo necesitan.

Es por eso que una ciudad sensible a las necesidades de las familias ofrecería educación preescolar universal a partir de los tres años o, idealmente, incluso más pequeños. No sería obligatorio, pero cualquier niño podría inscribirse independientemente de la capacidad de pago de la familia, al igual que el sistema de K-12 (del kínder o jardín de infantes al 12º grado). Exactamente dónde y cómo esto debe suceder, podría tomar muchas formas diferentes; podríamos otorgar fondos extraordinarios a los distritos escolares para que agreguen un par de grados extra antes del jardín de infantes; también se podrían contratar los servicios para que los preescolares privados existentes se expandan.

¿Cuál es el mejor método? No tenemos una opinión sobre esto. Siempre y cuando cada niño como Ethan reciba el tipo de educación que le permita jugar en la misma cancha que la Niña del Concierto de piano en el jardín de infantes, estamos de acuerdo con ello. Él necesita estar en un ambiente lleno de palabras, desafíos y oportunidades para aprender a interactuar con los demás porque esa es la base de una vida productiva y no lo conseguirá a menos que lo hagamos posible para él.

Esto puede sonar bastante intuitivo y puede resonar bien con su propia experiencia, no importando de qué lado de las vías de la ciudad creció. Pero como es habitual con las nuevas ideas que implican gastar dinero suele haber algún contragolpe contra la idea de que el preescolar es eficaz para cerrar esta brecha educativa. De hecho, todo el debate parece asemejarse vagamente a la controversia sobre el calentamiento global: las pruebas son muy claras respecto a que los niños que asisten al preescolar están más preparados para el kínder. El impacto es más evidente para los niños de bajos ingresos. Otros estudios sostienen que unas particulares formas de educación para la primera infancia son más eficaces que otras alternativas. Con todo, es una gran sopa de palabras difícil de digerir para mucha gente.

Si usted desea convertirse en un experto en la literatura científica sobre estos temas, existen numerosos libros que podría consultar. Aquí, vamos a compartir con usted las razones por las que defendemos vehementemente la educación preescolar universal, a pesar de la exagerada controversia. En primer lugar, la mayoría de las pruebas demuestran que es muy eficaz para ayudar a niños como Ethan para cerrar la brecha con sus compañeros ricos. En segundo lugar, los beneficios para los niños que son guiados por adultos bien formados hacia el desarrollo de sus cerebros y sus vocabularios son obvios y fáciles de observar, incluso en un recital de piano en un museo de arte. Si partimos de que el preescolar puede replicar ese tipo de interacción (aunque con los desafíos normales de escalar a un modelo grupal e institucional), entonces los beneficios son igualmente de obvios y fáciles de comprender, especialmente cuando sabemos que no están disponibles en el hogar. Hará falta de muchas evidencias en contra para convencernos de lo contrario y ahora mismo, esa evidencia no existe.

La tercera razón para apoyar la educación preescolar universal aborda la cuestión desde una perspectiva de gestión de riesgos. En pocas palabras, no se pierde demasiado poniendo una multitud de niños en un preescolar, pero si no hacerlo deriva en que esos niños ganen menos dinero, paguen menos impuestos y extraigan más del sistema de bienestar, entonces sí podemos perder mucho.

Aún así, probablemente sea una buena idea prestar atención a los críticos de este tema porque nos pueden dilucidar la mejor manera de desarrollar el preescolar y cuáles son los métodos más eficaces para lograr que niños como Ethan concurran donde puedan obtener mayores beneficios de la educación. En general, los estudiosos sobre estos temas tratan de ser constructivos. Puede haber un lobby mundial de combustibles fósiles trabajando duro para oscurecer la ciencia sobre el calentamiento global pero no sabemos de que una tal fuerza parecida actúe en las sombras contra el preescolar.

Cualquiera sea el caso, debemos evaluar estos esfuerzos proactiva y tempranamente, respecto a los cuales una unidad de Mejora Continua de Calidad en el departamento de bienestar infantil podría aportar mucho (probablemente en colaboración con los distritos escolares o las entidades reguladoras de educación o los funcionarios de salud pública). Se requieren datos correctos y una estimación continua de la población de niños de tres y cuatro años y el número de niños matriculados en el preescolar para analizar qué sucede con todos estos esfuerzos en el estado. Los progresos podrían monitorearse evaluando cómo los alumnos formados en el preescolar se desenvuelven en el kínder. Incluso se podrían identificar algunos grupos de control de niños que no concurrieron al preescolar y chequearlos cada año durante unas décadas, comparando su progreso con el de los niños que se matricularon. Se podría investigar si el programa se está autofinanciando mediante la recolección de mayores ganancias de productividad e ingresos fiscales provenientes de los trabajos con mejor remuneración (en los que los niños eventualmente se desenvuelvan). Eso nos suministraría datos locales valiosos que podrían presentarse para que todos los aprecien y, con suerte, se verían reflejados en titulares como: "En un reembolso del 400 por ciento, el condado recauda U$46 millones de ganancias preescolares". El reporte podría decirnos que lo que se está ejecutando está funcionando, lo que sin duda sería agradable de conocer. Pero podría decirnos que lo que estamos haciendo no está funcionando, lo cual también sería valioso.

También debemos señalar aquí que si bien hicimos todo lo posible para dirigirnos a los críticos, este no es un tema revolucionario o partidista y no tendremos que reinventar ninguna rueda. Casi todos los estados ya han financiado con fondos públicos los centros preescolares, aunque a menudo se dirigen únicamente a los niños de bajos ingresos y en general, no los matriculan en cantidad suficiente. A nivel nacional, sólo alrededor de una cuarta parte de los niños de cuatro años de edad está en un preescolar estatal.

Pero algunos estados han priorizado este tema haciéndolo silenciosamente y han observado grandes resultados: en Oklahoma, alrededor del 75 por ciento de los niños de cuatro años están matriculados; el notorio estado cambiante de Florida está cerca del 80 por ciento; Washington D.C., una de las jurisdicciones liberales más responsables del país, está en el 94 por ciento; mientras, Alabama y Delaware son adversarios políticos, pero ambos languidecen en los dígitos medios. Averiguar esto es básicamente una cuestión de conectar algunos puntos y escribir un cheque y los estados de todo el espectro político han demostrado que pueden hacerlo.

De hecho, Estados Unidos ya ha demostrado que puede hacerlo porque lo hemos hecho antes. Hace unos 100 años, la educación pública básicamente se detuvo en el octavo grado pero la cambiamos para adaptarla a una nueva realidad moderna. La escuela secundaria es universal y más y más gente concurre a la universidad. Ahora es el momento de ponerse en marcha de nuevo. En resumen: La educación en la primera infancia puede desempeñar un papel importante en la reducción de la preponderancia de las Experiencias Infantiles Adversas. No sólo aleja a los niños de comportamientos destructivos (allanando el camino hacia mejores trabajos y, un día, construir sus propias familias sanas), sino que también la misma institución educativa puede representar una manera positiva de que más observadores detecten problemas y actúen al respecto antes de que sea demasiado tarde.

Idea Tres: Tutoría para jóvenes a sólo una llamada telefónica de distancia

Continuemos nuestro discurso optimista sobre la vida de Ethan y asumamos que no sólo tuvo buenas visitas domiciliarias sino que también fue a un preescolar gestionado inteligentemente y llegó al jardín de infantes más o menos listo para el horario estelar. No era el mejor de su clase; otros compañeritos ya estaban unos pasos más adelante que él en lectura y matemáticas (te estamos mirando, Niña del Concierto) pero Ethan tenía un promedio respetable. Considerando de dónde provenía, esto cuenta como estar avanzado en el juego. A lo largo de la escuela primaria, se despertaba todas las mañanas, iba a la escuela, tomaba el desayuno y el almuerzo gratuitos (para los que su familia de dos personas, golpeada por la pobreza, fácilmente calificaba) y volvía a casa.

Durante seis o siete horas al día, Ethan estaba rodeado de personas con influencias positivas sobre él y ya avanzó dos casillas más en el juego. Deirdre, por su parte, siguió trabajando en una serie de trabajos mal pagados y, aunque era un desastre en su vida personal, logró mantener cierto grado de estabilidad. Nadie desearía una infancia así pero aquellos que miraban el contexto probablemente llegarían a la conclusión de que podría haber sido mucho peor.

Pero Ethan ahora tiene nueve años y otros problemas por aparecer. Nada cataclísmico, gracias a Dios, aunque muchos niños como Ethan se enfrenten a eso. Este problema es sólo el dolor normal de crecer a lo que se agrega el dolor adicional de casi no disponer de una red de apoyo o tener un padre. Entre el estrés de los cuerpos en crecimiento y los cerebros en desarrollo, la falta de sabiduría de una larga vida llena de experiencias, los notorios desequilibrios hormonales y la súbita naturaleza crítica de las cuestiones sentimentales, la infancia es siempre un proceso de caminar en un campo minado. En las familias dotadas de recursos, hay personas que pueden vigilar de cerca y alertarlo de las minas o, al menos, correr a curarlo cuando algo explota. Sin embargo, las familias de bajos ingresos están mucho más aisladas en este frente.

Para aquellos de nosotros que nos pasó largo tiempo desde la escuela primaria, es fácil olvidar lo inevitable y eterna que se sentía esa rutina juvenil. Las vacaciones de verano duraban tres meses eternos, pero ¡12 años de eso!, más el preescolar, seguido por lo que sea que esta cuestión de la universidad tan promocionada resultó ser, fue realmente demasiado para procesar. Todos hablábamos sobre el futuro y qué seríamos cuando creciéramos y lo decíamos en serio, algo que en retrospectiva suena tan gracioso; y los mayores alentaban nuestra ambiciosa elección de carrera y, al mismo tiempo todo parecía muy lejano.

Estamos tomando este desvío nostálgico sólo para decir que es muy fácil tener una visión estrecha en la infancia y que puede vivenciarse como algo bastante claustrofóbico. Uno se esfuerza por ampliar el horizonte para ver el mundo más allá de su diminuta órbita para convertirse en uno mismo; y esto es realmente algo muy saludable, a menudo difamado como mera rebelión. Como Luke Skywalker, uno mira a su alrededor buscando una ventana hacia lo desconocido; pero desde la prisión blanda que constituye la infancia, son cosas difíciles de encontrar.

Los buenos mentores de jóvenes asumen un rol como el de Obi-Wan Kenobi (sin toda la violencia y los viajes interestelares). Pueden lanzar un salvavidas psicológico a los niños en una situación tensa y estresante. Vienen del valiente nuevo mundo del Futuro trayendo buenas noticias de cómo es la vida cuando no se viva más bajo el techo familiar. Representan exposiciones de la dulce libertad por venir pero también, son modelos de cómo saborearla con responsabilidad y ética. En sus mejores días, lo entienden a uno de maneras que mamá, ni los tíos adoptivos no pueden.

Ser madre soltera no es para débiles de corazón. Aquellas que están criando niños como Ethan se encuentran en una situación particularmente difícil cuando se trata de (y le aseguramos que este es el término científico apropiado) Cosas de hombres. A los niños pequeños les gusta hacer cosas extrañas como jugar a la pelota hora tras hora en el parque y contar chistes con ruidos groseros que sólo los niños pequeños o las personas que alguna vez fueron niños pequeños pueden apreciar. Los niños mayores suelen disfrutar viendo películas repletas de violencia cómica y comparando sus notas sobre la atracción con alguien que no sea mamá. Rodeados de mujeres, a menudo no están seguros de lo que significa ser hombre. También son capaces de un comportamiento alocado o a veces aterrador que puede ser particularmente desconcertante para alguien que nunca fue, digamos, un varón de 16 años.

Generalmente hablamos de tutoría juvenil como si fuera algo agradable, placentero o anodino: pasar el rato con un niño y jugar juegos de mesa o hacer artesanías un par de veces al mes a cambio de rebosar de satisfacción con buenas ondas por haber causado un "impacto". Pero esto subestima el caso. Los mentores juveniles salvan vidas.

Por supuesto que no de maneras obvias, tampoco literalmente y no todo el tiempo. Pero los mentores juveniles pueden servir como vallas de seguridad para la vida. En sus mejores días, son anclas de estabilidad en un mundo inestable. Son ventanas que miran hacia las vastas posibilidades de la vida después de la época de padres-vigilantes. Son personas que deseamos ser. Son una combinación de entrenador, terapeuta y confidente. Dan consejos ocasionalmente y, si bien podrían no servir en lo inmediato, a menudo son útiles a largo plazo de algún modo. A menudo, esos consejos ni siquiera se dicen: la mera presencia de un adulto estable que se vincula saludablemente con sus compañeros y mantiene un buen trabajo es una versión secular de la advertencia de San Francisco de predicar el evangelio todos los días y usar palabras solo cuando sea necesario.

Hay un detalle más irritante sobre el concepto de la tutoría juvenil en la imaginación popular. De alguna manera, hemos llegado a pensar la tutoría juvenil como algo que se hace en beneficio de niños pobres. Si bien esto no es falso, niega la realidad de que los niños de hogares dotados de recursos también se benefician en gran medida de la tutoría de los jóvenes. Simplemente no la denominamos así.

Considerando todo, usted tal vez haya vivido una gran infancia. Igualmente existe la probabilidad de que aún así hubiera sufrido confusión intensa, estrés e inseguridad. La escuela es horrible, los padres son despistados e insoportables, las relaciones sentimentales dan miedo, la vida es simplemente tan intensa y ese es el mejor escenario del caso. ¿Qué lo hizo mejor o al menos tolerable?: mentores juveniles con otro nombre.

Quizás fue la familia de enfrente que lo adoptó los fines de semana para alejarlos de los suyos e imaginar las inmensas posibilidades de la vida. Tal vez fue una tía o un tío a quien usted podía contarle secretos o, acaso, solo representaban un ideal que no se veía en casa y lo reconfortaba. Quizás fue un buen maestro. Tal vez algunos amigos de la familia se trasladaron a otro estado y luego lo invitaron para que usted fuera a visitarles y les ayudara con el trabajo en su proyecto de construcción de la casa, abriendo nuevas posibilidades. Estas son sólo algunas de las experiencias y relaciones que hemos tenido personalmente y temblamos al pensar en cómo habría sido la vida sin ellas.

DIARIO DE DOM

Durante años, viajé por el país con unos horarios trepidantes, hablando sobre el bienestar infantil en general mientras evangelizaba en particular en pro de la tutoría de los jóvenes. Aunque no trabajaba para Big Brothers Big Sisters, con placer le diría a cualquiera que me escuche que prestarse como voluntario para ellos es una de las mejores cosas que alguien puede hacer.

Era probablemente inevitable que me llegara el momento de autocrítica sobre mi propia falta de ser voluntario. Después de unas idas y vueltas interiores, di el paso decisivo.

Fui asignado a un niño tímido de 14 años que cuando apareció por primera vez vestía una enorme camiseta oscura y apenas mostraba la mitad inferior de su rostro. Era un joven perspicaz de un agudo intelecto y calma inteligencia. Y pasar tiempo con él ha sido una de las mejores experiencias de mi vida. Los sábados por la tarde dábamos largos paseos por Santa Fe, teníamos conversaciones pintorescas sobre su crecimiento en la zona rural de Nuevo México en una casa con cinco hermanos y la atención que le prestaban las muchachas. Visitamos una universidad de diseño, la biblioteca y galerías de arte. A ambos nos gustaban las películas de alta tecnología y las de miedo. También le ayudé con su trabajo escolar y aprendí mucho sobre cómo el sistema puede permitirse que un joven brillante (con altas calificaciones en matemáticas e ingeniería) tenga dificultades con los otros tópicos sin que se convoque una reunión de padres y maestros.

Los padres, mientras tanto, están en medio del drama, elogiando, insistiendo e instaurando buen juicio y carácter en sus hijos. Pero nadie nació sabiendo cómo hacer esto. Los adolescentes felices son todos iguales, para arruinar alguna sabiduría de Tolstoi, pero los adolescentes infelices son infelices con sus características individuales. Sus payasadas son a menudo irracionales, irritantes y completamente dementes. Es fácil sentirse abrumado y no pocos padres de jóvenes con mentores han hecho discretas llamadas telefónicas a los mentores preguntándoles cómo manejar la última crisis y han aprendido mucho de esas conversaciones.

Los niños como Ethan y las madres como Deirdre no tienen garantizados esos salvavidas. No son parte de las circunstancias sociales y la vida familiar que les tocó. Aquellos que crecieron en familias dotadas de recursos con muchos jóvenes mentores no tienen idea de qué habrían hecho sin ellos y, aquellos que han tenido éxito como padres, no saben que habrían hecho sin otras personas para comparar lo que estaban haciendo. Nuestro trabajo es prestar atención y asegurarnos de que ningún niño o padre tenga que averiguar cómo es la vida en un vacío sin mentores.

Esto no es un sueño imposible. Tenemos en nuestro poder asegurarnos de que cada niño como Ethan tenga un mentor. Deberíamos mejorar las pruebas de detección de las Experiencias Infantiles Adversas en las escuelas y deberíamos asegurarnos de que los maestros y otros profesores estén formalmente entrenados para detectar señales de peligro. Aunque identificar los niños que necesitan mentores no es física nuclear; pídale a un maestro una lista de nombres de niños que necesitarían un mentor y la podría escribir inmediatamente, sin pensar demasiado.

También sabemos que la tutoría de los jóvenes funciona. Quienes participan son menos propensos a consumir drogas, a abusar del alcohol, a faltar a la escuela e incluso -al margen-, consiguen un ligero aumento en su promedio de notas. Es una extraordinaria manera de recuperación de los efectos de las Experiencias Infantiles Adversas así como para reducir la probabilidad de que se transmitan a la generación siguiente.

Pero como cualquier otra receta para una ciudad ideal sensible a las necesidades de las familias, el objetivo es mucho más simple que el camino propiamente dicho hacia la victoria. La buena noticia es que la mayoría de las comunidades tienen algún tipo de programa de tutoría en base al cual construir (a menudo a través de esas organizaciones modelo como Big Brothers Big Sisters). La mala noticia es que no conocemos ninguna comunidad que haya satisfecho la demanda. Es probable que haya escasez de mentores. El problema sería mayor si existiera mayor difusión del programa y los padres, maestros, pastores y pediatras que lo conocieran, les mandaran las familias. La escasez es particularmente aguda en el caso de los mentores varones.

La historia es diferente en cada estado, cada condado y cada ciudad que es el punto de partida de una buena recopilación de datos. Como en otros temas expuestos en este libro, el primer paso es analizar el problema en profundidad que es la base fundamental para la planificación, la acción y, más tarde, averiguar si lo que se hizo realmente funcionó. Afortunadamente, no hay demasiados indicadores para recolectar. (El personal de Mejora Continua de Calidad en una importante organización sin fines de lucro de desarrollo juvenil podría hacerlo y compartir los resultados trimestralmente en las redes sociales.)

Básicamente se puede comenzar por una comunidad averiguando qué población de niños entre 6 y 18 años tiene (rango de edad con el que trabaja Big Brothers Big Sisters). A partir de allí, se podría utilizar una combinación de estadísticas de censo sobre pobreza, cifras sobre pobreza infantil o el número de almuerzos gratuitos o a precio reducido para arribar a un decente cálculo estimado de la población juvenil total a la que se debería alcanzar. Como siempre, estos números se deben publicar en la web, preferiblemente en un gráfico atractivo y de fácil lectura.

A continuación se mediría qué capacidad disponible existe, una información disponible en cualquier organización que ofrece tutoría para jóvenes en su comunidad. Se puede solicitar esa información por teléfono y preguntar cuántos jóvenes trabajan actualmente y qué aparece en su lista de espera, especialmente cuando está desglosada por género. Incluso estas organizaciones podrían informar sobre cuál es su estrategia de reclutamiento y compartir ideas sobre qué es conveniente hacer para atraer más mentores y niños matriculados. La mencionada información también se publica en la web. (O, si se dispone de dinero, sería impresionante colocar carteles digitales en la ciudad que muestren el número en tiempo real de cuántos niños están en la lista de espera, pero eso implica importantes fondos adicionales.)

Con esos números, se sabrá cuánto trabajo se necesita en su comunidad. Es posible que se necesite enfocar en el alcance a las familias o enfocar en el reclutamiento de mentores o, quizás, ambos. Pero una vez que se sepa la forma y el tamaño del problema se puede empezar a planear la ofensiva.

En resumen: Un mentor bondadoso, compasivo y comunicativo puede entablar una relación estable y confiable con la persona tutelada, un componente crucial en la vida de todos los niños, pero que a menudo está ausente. Sabemos que puede transformar vidas para mejor y disponemos de los datos para demostrarlo.

Con todo este dinero y talento, ¿qué es lo que realmente nos impide construir unos Estados Unidos más seguros?

Supongamos que hubo un toque de varita mágica y en un momento y con un abracadabra, hemos construido un sistema de salud mental mejor, nos hemos asegurado de que los departamentos de bienestar infantil funcionen como relojes suizos y hemos implementado una amplia gama de apoyos parentales, programas de primera infancia y oportunidades de tutoría juvenil y que los pocos que aún no acceden a estos servicios es sólo porque han rechazado repetidamente la invitación.

Entonces, ¿alcanzamos nuestra meta? ¿Es esta la tierra prometida donde es casi imposible que niños como Ana terminen en la morgue de la ciudad?

No del todo. Estamos seguros de que la implementación de la agenda descrita hasta este punto en este libro quitaría una gran porción del problema - tal vez el 80 por ciento en total. Pero si realmente deseamos erradicar las Experiencias Infantiles Adversas (EIA), debemos cumplir con más puntos de la lista. En realidad, varios puntos. Estimado lector, su destino económico en los Estados Unidos, un país del que decimos que es una meritocracia, todavía depende en gran medida del área geográfica del código postal donde usted nació, aún con buenas tutorías, preescolar y visitas domiciliarias. Su capacidad para escapar de los efectos negativos de las Experiencias Infantiles Adversas no es diferente y eso tiene que cambiar. Si realmente queremos abordar las EIA, necesitamos abordar siete áreas de servicios clave que se describen a continuación con ímpetu y pasión:

Nota: Nos damos cuenta de que estamos a punto de pasar de abogar por tres propuestas relativamente simples (que sólo se refieren al acceso universal a algunos programas existentes relativamente baratos y bipartidistas), hacia abogar por reformas radicales que fundamentalmente reformularían la sociedad estadounidense. Hacemos esto por dos razones: 1) no nos preocupa perseguir grandes metas y 2) es importante señalar que una multitud de desafíos nebulosos en realidad tiene un gran impacto en los niños de una manera práctica.

Desafío 1: Atención de la salud

Dedicamos bastante tiempo al tema del cuidado de la salud mental, pero la atención médica y dental son también importantes. En pocas palabras, las dolencias dentales o de salud mal tratadas o no tratadas pueden reducir el rendimiento escolar, afectar las relaciones y, en general, obstaculizar una óptima vida infantil. Nuestra mejor opción para luchar contra esto es lograr un fácil acceso a un sistema de salud de calidad a un precio accesible (que para algunas personas debe ser de $0). No es necesario que nos convirtamos en el Reino Unido donde todo es gratis en el momento de la prestación del servicio, pero debemos asegurarnos de que los padres no falten al tratamiento médico de sus hijos porque no pueden pagarlo. La atención integral de la salud también incluye atención integral de la salud reproductiva lo que comporta niños más saludables y madres y padres más contentos y mejor preparados. Todos ganan.

Desafío 2: Vivienda

El acceso a la vivienda es un reto que ha estado presente entre nosotros durante largo tiempo y existen diversas estrategias para abordarlo. No le dedicaremos demasiado tiempo a este tema pero deseamos señalar que no es de interés de nadie que un sinnúmero de personas gaste un cuarto o la mitad de sus ingresos en vivienda. Eso sólo coloca a muchas familias en una especie de olla de presión económica que puede aumentar la probabilidad de Experiencias Infantiles Adversas (EIA) y relegar a las familias a viviendas insalubres, en los peores barrios, obstaculizando la posibilidad de huir de una relación abusiva. Tanto los libertarios como los socialistas europeos tienen ideas para solucionarlo, pero no tenemos una opinión sobre cuál debería ser implementada siempre que funcione (y nadie quede sin hogar).

Desafío 3: Educación y escuelas enfocadas en la familia

En zonas de bajos recursos, la mayoría de las escuelas disponen de fondos reducidos porque los sistemas se financian mediante impuestos locales sobre la propiedad. Esto significa que tienen más dificultades para atraer a los mejores docentes lo que empeora la situación. Las escuelas pueden ser una defensa clave y de primera línea contra las EIA pero sólo si tienen el financiamiento y el conocimiento de cómo hacer su trabajo. Las escuelas son el único lugar donde llegan aún los niños en las peores circunstancias. Cuantos más servicios podamos incluir en las escuelas, en los programas extracurriculares y de verano, programas de tutoría, trabajadores sociales, administradores de casos, centros de empleo, de servicios médicos, reproductivos y de salud conductual, es mejor. Como dijimos en el capítulo anterior, si colocamos todos estos servicios en un lugar al que los niños van de cualquier manera, es mucho más probable que puedan beneficiarse de ellos. Y si abordamos las causas subyacentes del deficiente rendimiento escolar en los barrios de bajos ingresos, los resultados de los exámenes, las tasas de asistencia y las tasas de graduación mejorarán y, como bono adicional, los niños estarán más seguros y saludables.

Desafío 4: Capacitación para el empleo y empleos con salarios dignos

Los empleos con salarios dignos crean familias estables. Tener dinero realmente hace que sea más fácil criar a los niños, pagar la atención médica y lograr la estabilidad que se requiere para construir buenas relaciones de apoyo. Si esto se logra con salario mínimo alto, programas de trabajo, subsidios salariales, ingresos básicos universales o una solución del libre mercado que aún no hemos visto funcionar de manera integral en el mundo real, nuevamente, no nos importa. Si el resultado es Deirdre con un salario digno, eso significa que Ethan esté bien cuidado. Más trabajos con salarios dignos significa menos Experiencias Infantiles Adversas.

Desafío 5: Hambre

Parece inconcebible que haya niños en nuestro país que sufren hambre, con millones de compatriotas estadounidenses en programas de cupones para alimentos y en comunicades con bancos de comida gratuita. Y de hecho, la realidad sobre el terreno es probablemente menos dramática de lo que nos quieren hacer creer quienes pronuncian altisonantes declaraciones como "uno de cada cinco" niños sufre hambre. ¿Hay muchos niños muriéndose de hambre? No. Pero muchos niños viven en hogares donde el dinero es tan escaso que los padres tienen dificultades para cubrir lo que los cupones alimentarios no llegan a completar. (Las encuestas a alumnos en su estado probablemente le dirán cuántos niños están experimentando hambre mensualmente y este es un dato que debe ser considerado de suma importancia en todo programa de prevención de Experiencias Infantiles Adversas.) Esta cuestión puede significar saltarse comidas o dietas mal equilibradas. E incluso si hubiera un banco de alimentos dispuesto a ayudar, no se garantiza que los padres tengan la capacidad logística para recoger los alimentos. Mientras tanto, desperdiciamos alrededor del 40 por ciento de nuestra comida debido al deterioro o porque no parecía tan apetecible cuando volvimos del mercado. Usted creerá que estamos trastornados pero algunas soluciones logísticas que no serían muy costosas se podrían encontrar en este sector. Eso, o podemos pagar más tarde las consecuencias de los niños hambrientos.

Desafío 6: Transporte

Estados Unidos es un país significativamente dependiente del uso del automóvil y puede implicar una extrema dificultad para llegar a un negocio de comestibles o al trabajo para aquellos con acceso limitado a un vehículo o sin vehículo. Mientras que muchos sistemas de tránsito operan óptimamente, otros son muy ineficientes quedando relegados a algún rincón oscuro del gobierno de la ciudad sin talentos adecuados junto a todos los otros servicios para pobres indeseables. ¿Cómo se relaciona con las Experiencias Infantiles

Adversas? Con todo. Cuando hablamos de recorrer un camino fácil hacia alimentos saludables en verdaderos almacenes de comestibles, mejores empleos y buenos preescolares, ese camino es frecuentemente atravesado por el transporte público. Afortunadamente, el transporte es bastante barato y ya somos bastante buenos en ello (después de todo, las redes de autobuses escolares son realmente impresionantes). Y la próxima revolución de los vehículos autónomos bien podría hacerlo todo más fácil.

Desafío 7: Atención de la salud conductual

Acabamos de exponer este tema en el capítulo anterior explicando por qué este aspecto es vital. No podremos sanar ni prevenir el trauma y el maltrato infantil sin un sólido sistema de salud conductual en cada comunidad. (Sí, tenemos trabajo por delante.)

Perforar el poder del código postal

Siempre habrá áreas de códigos postales menos deseables en los Estados Unidos. Algunas tendrán algunos baches más en las carreteras, más cables eléctricos aéreos en lugar de la variedad subterránea estéticamente agradable y mala suerte en el sorteo de paisajes. Hay ventajas naturales a considerar también - por ejemplo, el puerto de Seattle es mucho más atractivo para el transporte marítimo y sus trabajos son mejor remunerados que en el puerto de Portland, pero en realidad es debido a su geografía y no a un fracaso de políticas públicas.

Lo importante aquí no es abogar por un esquema distópico de ciencia ficción donde los estándares de vida de todos son igualados y un hermano mayor o una niñera androide determina nuestro destino. El punto es simplemente sostener que no podemos permitirnos la pérdida de productividad económica e ingresos fiscales y el aumento de la drogadicción y el crimen que producirían el descuido a los niños que viven en zonas que sean menos atractivas. Así que, por supuesto, se les pueden lanzar los salvavidas obvios y relativamente baratos como las visitas de enfermeras, preescolares y tutoría de los jóvenes y eso ayudará mucho. Luego, hay que trabajar en la alimentación, la atención de la salud, la vivienda, el transporte, los empleos y las escuelas y seguidamente, con rapidez, esos barrios ya no serían entornos infectados de disfunción y desesperanza. Probablemente no se conviertan en el barrio del código postal 90210 pero mientras los niños estén bien, Estados Unidos también lo estará.

Hay una app para eso (quizás): niños saludables y las promesas y peligros de la tecnología

La historia de Ana

La tecnología fue uno de los tantos factores subyacentes al desafortunado regreso de Ana con su madre. Ciertamente, la historia de Ana fue documentada pero ese archivo de datos (y varios archivos en papel), tuvo que ser localizado repetidamente, año tras año, por nuevos empleados sumergidos en un sistema de datos de difícil uso. Ese tipo de sistema provoca que las lagunas de conocimiento causadas por el error humano (no encontrar la aguja de archivo correcta en el pajar del archivo) sean factibles, uno de los factores que habrían contribuido al destino de Ana. Pero si invirtiéramos en software, tecnología y personal adecuados, no tendría por qué suceder así. Para el maltrato infantil y las Experiencias Infantiles Adversas, los sistemas de seguimiento adecuados (y una plétora de otras tecnologías) son vitales si realmente pretendemos hacer un trabajo de prevención coordinado.

HACE VEINTE AÑOS, si usted hubiera necesitado vender su cortadora de césped, probablemente habría llamado a un periódico y, por unos dólares, habría dictado un anuncio clasificado a un ser humano. En una ciudad pequeña, es posible que incluso habría visitado la sede del periódico y completado un formulario, conversando con un recepcionista amable mientras escribía.

La recepcionista habría llevado esta información a algún otro ser humano, que habría armado su anuncio clasificado probablemente junto a muchos más. Al mismo tiempo, otros seres humanos habrían entregado rollos enormes de pulpa de árbol triturada y comprimida a una planta de fabricación cercana. Allí, más humanos recibirían la colección de anuncios, luego desplegarían una máquina gigante y ruidosa (junto con la pulpa de árbol y grandes cubas de tinta) para crear un extraordinario facsímil de esos anuncios. Otros humanos entregarían físicamente estos "papeles" en los portales de una amplia zona, donde podían ser leídos junto con el desayuno y luego destinados a empacar copas de vino en un día de mudanza.

Se trataba de una verdadera máquina de cortar césped marca cualquiera pero al final del día, asumiendo que estuviera en un estado razonablemente bueno y tuviera un precio justo, probablemente usted la vendió. Hoy, todavía puede vender esa cortadora de césped pero lo hará en Craigslist. Y si usted está buscando vender una casa, un coche o buscar un trabajo, probablemente lo hará con una app o un sitio web que remonta su concepto fundador a esa empresa.

Gracias a estas empresas, todo el proceso de venta ha dado un giro hacia lo extraordinario. De repente, hay un espacio ilimitado para describir cada contorno de la cortadora de césped (sin abreviaturas codificadas necesarias) y usted puede subir más imágenes de las que cualquier persona razonable querría mirar. Lo mejor de todo, es gratis (o casi) e instantáneo. No es necesario salir de su casa y una vez que se vende, se puede quitar el anuncio de inmediato por lo que no hay necesidad de responder repetidas llamadas sobre si el artículo publicado sigue disponible.

Todo lo que se necesitó para revolucionar el mundo de los anuncios clasificados fue un poco de tecnología: algunos ordenadores, tanto portátiles como de escritorio y algunos cables o señales para conectarlos. La palabra "eficiente" ni siquiera empieza a describir los resultados. Había una vez avisos clasificados de un periódico mediano del que nunca ha oído hablar que sostenía docenas de empleados quienes trabajaban duramente para mantener un sistema ineficiente, inadecuado, lento, difícil de usar que logró vender su máquina de cortar césped. Hoy, Craigslist reemplaza esa operación y cientos de miles más en todo el mundo, bajo la dirección de un grupo asombrosamente pequeño de unas cuarenta personas.

Eso, en pocas palabras, es la atractiva seducción de la tecnología. Viene y barre un problema de sus pies y, aparentemente sin esfuerzo, resuelve elegantemente cualquier cosa que producía malestar en la sociedad. La vida es dura, pero de vez en cuando la tecnología simplemente deja caer un regalo del cielo (o la nube) y de repente, es más fácil vender una cortadora de césped o llamar a un taxi o reservar una habitación.

Quienes venden tecnología hacen grandes esfuerzos para proyectar una imagen de genialidad tremendamente atractiva sobre toda la empresa y no se conforman con que simplemente sea fácil de usar. Las interfaces son utilitarias, ciertamente, pero también son hermosas (la notable excepción que confirma la regla es Craigslist). Tal o cual nueva aplicación no crece sino que desestabiliza. No cambian la industria, sino que la revolucionan. Sin duda hay talento técnico en juego pero esa especie de semidiós de la empresa, Steve Jobs, también era un gran showman, complementado con un culto a su personalidad que sobrevive hasta el día de hoy y a todos nos gustaba compartir el camino. Nuestra sociedad gasta miles de millones en dudosas empresas tecnológicas destinadas al fracaso. La tecnología incluso tenía su propia burbuja económica, que es otra palabra para la contracción frente a la exuberancia irracional que apenas se sacó a la luz. La industria hace algunos ingeniosos trucos y luego exagera notablemente en el mesiánico trabajo de ventas. No nos malinterpreten: nos encanta la tecnología. Cuando de aquí a cien años se escriba la historia de esta era, no nos sorprendería ver Craigslist como una red más para la sociedad. No estamos diciendo que usted debería abandonar Uber y volver a los taxis tradicionales o no admirar el diseño del último producto de Apple. Pero estamos diciendo que parece oportuna una seria evaluación de la promesa de la tecnología especialmente en relación a un tema social tan complicado como las Experiencias Infantiles Adversas (EIA). Debemos ser cautelosos porque dejarnos llevar y distraer por una industria cuyos intereses financieros y de otra índole, no necesariamente se alinean con los niños de Estados Unidos, no contribuiría en nada a la causa.

Aún así, podemos imaginar una larga lista de formas fascinantes que la tecnología -tanto del tipo que disponemos ahora como del tipo que dicen que estará disponible en el futuro inmediato- podría potencialmente ayudar a nuestros niños a evitar y recuperarse más eficientemente de EIA. A continuación mencionamos algunas formas de tecnología:

Entrenadores / terapistas artificialmente inteligentes: Mencionamos este aspecto en un capítulo anterior, pero considerémoslo de todos modos: En lugar de pagar U$90 por hora a alguien con años de formación, tal vez los futuros ciudadanos que necesitan terapia podrían conversar con un "chatbot" que sea realmente fácil de utilizar, diseñado por expertos, especializado en traumas (uno que supiera cuando es el momento de remitirlo a un ser humano que brinde atención de salud conductual personal). Aún si fuera la mitad de capaz que un humano bien formado, sería extremadamente rentable. Las posibilidades son profundas.

Mapeo y visualización: Una razón por la cual los problemas que hemos desarrollado en este libro siguen sin resolverse es que nosotros, como sociedad, tenemos dificultades para entenderlos.

Pero ilustrar esos problemas nunca ha sido más fácil y lo será aún más, gracias al software de mapeo, al diseño gráfico democratizado y a la cantidad de datos digitalizados disponibles. Como hemos dicho anteriormente, el primer paso es admitir que uno tiene un problema, pero aún antes de eso, uno tiene que verlo.

Sobre este tema: El mapeo no tiene por qué ser un aspecto desarrollado por unos pocos expertos que recogen y presentan información en una elegante manera - puede ser en realidad un proyecto de colaboración. El Departamento de Transporte de Nuevo México lanzó recientemente un proyecto donde los ciclistas pueden conectarse y adjuntar comentarios a un mapa de rutas estatales para bicicletas. Es el tipo de retroalimentación que antes solía requerir una gran reunión y papel pero ahora sucede desde la comodidad de la casa de todos. Lo mismo se podría usar para monitorear y comentar la infraestructura que se supone que ayuda a los niños.

Software de seguimiento institucional: Aquí es donde Silicon Valley realmente brilla. Miles de personas trabajan diariamente en paquetes de software que básicamente prometen nada más y nada menos que la capacidad de llevar un registro eficiente de las cosas (aunque por supuesto no lo explican en modo tan simple). Es el verdadero secreto del éxito para gente como Fedex, Wal-Mart y Amazon porque implica mayor productividad con la menor cantidad de esfuerzo y dinero. Un buen software de seguimiento es fácil de usar, muestra lo que ocurre con visualizaciones (a veces francamente deslumbrantes) y generalmente, hace que uno se cuestione cómo fue que uno funcionaba sin ellas. (Le damos una pista: Solíamos llamar a los despachos de taxi y esperar que un coche apareciera en algún momento.) Las burocracias estatales y locales a cargo del seguimiento de niños y padres podrían utilizar este software para hacer su trabajo de manera mucho más eficiente y a su vez, ayudar a mayor cantidad de niños.

Ajuste de actitud: Sí, nos agrada cómo la industria tecnológica piensa, aunque puedan aparecer como unos sabelotodos arrogantes, con una incesante conversación desestabilizante, sus redes "block chains" y las cosas de Internet. Disponen de increíbles herramientas que ellos mismos apenas están empezando a entender (véase Zuckerberg, Mark, en las elecciones de 2016) y vagan por el mundo tratando de arreglar cosas y hacer dinero. ¿Y qué pasaría si ese tipo de talento, respaldo de capital de riesgo y resuelta experimentación se desplegaran sobre los problemas que enfrentan nuestros hijos? La respuesta: ¿¡Quién sabe!?, pero a veces nos gusta pensar en ello mientras miramos con nostalgia hacia el horizonte.

Con moderado entusiasmo

Y la lista podría continuar. Así que sí, nuestro futuro tecnológico también puede ser muy prometedor para la lucha contra el trauma infantil y el maltrato. Pero antes de exagerar, hay algunas razones para actuar con cautela.

En primer lugar, estas tecnologías bien podrían causar nuevos problemas para nuestros niños y, simultáneamente, resolver otras cuestiones. Hay algunas evidencias de que las redes sociales conllevan una mayor ansiedad en los niños porque se sienten presionados a compararse con la irrealidad perfectamente confeccionada para las noticias de Facebook donde todo el mundo está siempre feliz, viajando a algún lugar o comiendo algo delicioso. Los abusadores siempre han existido, pero ahora disponen de nuevos espacios tecnológicos sofisticados para concretar sus depredaciones. En la medida en que la tecnología nos aleja de las comunidades cara a cara, deja vulnerables las relaciones con amigos y familiares que actúan como una especie de seguro social contra las Experiencias Infantiles Adversas. Y a medida que la tecnología remodela los mercados laborales, produce víctimas económicas cuyos hijos son más vulnerables a las Experiencias Infantiles Adversas.

Una vez más, esto no quiere decir que la tecnología sea nociva sólo que puede jugar como un arma de doble filo y sería de mal gusto obsesionarse con la genialidad de todo esto mientras se ignoren los problemas que crea, incluso si son menores y más manejables que el problema original.

Nuestra segunda razón para tener precaución se refiere a la naturaleza de los supuestos milagros donde la tecnología ha funcionado. En pocas palabras, hay razones para estar asombrados pero también hay razones para apreciar esas victorias como limitadas porque, en primer lugar, los problemas que resolvieron no fueron tan desafiantes. Por ejemplo, en todos los Estados Unidos (y en el mundo), los anuncios clasificados coincidían de manera eficiente con los compradores. El sistema presentaba ciertas desavenencias considerables (árboles destruidos y comprimidos, maquinaria compleja, etc.) y algunas demoras (el viaje a la oficina del periódico, la preparación de la publicación, el tiempo de entrega) pero, en general funcionaba bastante bien. En este momento, las Experiencias

Infantiles Adversas son un escándalo nacional, como todo el mundo que preste la menor atención a la cuestión, ya sabe, pero en 1975, nadie consideraba que fuera fundamentalmente trágico el laborioso proceso de pagar cinco dólares y charlar con un recepcionista amistoso del periódico. No era exactamente eficiente a la vista de nuestros ojos modernos pero, de nuevo, funcionaba y también pagaba para que el reportero en la sala de redacción asistiera a las reuniones del municipio y planteara preguntas irritantes a los políticos que como consecuencia, eran un poco más honestos en sus negociaciones cotidianas.

Entre en Craigslist y ahora todo el proceso es más eficiente y básicamente gratuito. Pero no cambiaron fundamentalmente nada. Antes, los periódicos acumulaban anuncios clasificados y luego los publicaban. Craigslist hace lo mismo, pero usa nuevas herramientas. Airbnb no fue el primer servicio para agregar habitaciones de alquiler, Amazon no fue el primer mercado de pulgas y Uber no fue el primer operador de taxis. Todos ellos sólo utilizan nuevas y fascinantes herramientas para acelerar el proceso y facilitarle la vida a las personas que interactúan con el servicio, reemplazando algo que estaba funcionando bien con algo que funciona aún mejor.

No debemos contener la respiración y suponer que la tecnología resolverá las Experiencias Infantiles Adversas por la sencilla razón de que no existe actualmente un sistema que funcione bien para digitalizarlo y acelerarlo. La receta, en cambio, exige cambios sistemáticos como, por ejemplo, hacer llegar enfermeras a los hogares de todos los recién nacidos, al preescolar universal y un Hermano o Hermana Mayor para todos los niños que lo necesiten. La receta implica que a los políticos les importe lo que antes no les importaba y que sus electores les pidan lo mismo. Y requiere que varios departamentos gubernamentales actúen como si la Ilustración hubiera ocurrido y estén de acuerdo con ello. Estas cuestiones no se pueden empaquetar en una app, aún si se encontrara algún obvio motivo de beneficio. Presente a alguien la opción de hacer algo en modo más fácil y barato desde la comodidad de la casa y sin hacer ninguna llamada telefónica y lo hará, motivo por el cual Craigslist es un éxito. Pero luchar contra las Experiencias Infantiles Adversas implica dinero que preferiríamos no gastar, tiempo que preferiríamos no dedicar y una campaña destinada a modificar opiniones que preferiríamos no cambiar. Es como la diferencia entre que le ofrezcan un delicioso postre y que le pidan que cocine de cero una elaborada cena de cuatro platos. Todavía no hay una buena aplicación para asegurarse de que cada bebé tenga un buen comienzo en la vida. Eso requerirá presión política, voluntad de salir a la calle y de cambiar corazones y opiniones en un panorama saturado de medios y la voluntad para ser mentor de jóvenes.

Así que por supuesto, utilice cada pieza de tecnología fresca a su disposición. Quizás haga su vida y trabajo un poco más fácil pero eso no niega que se necesite un poco más de esfuerzo. Las compañías de tecnología hacen que todo parezca tan fácil y eficiente pero eso es porque al lado de las Experiencias Infantiles Adversas, su trabajo es fácil.

Obtenga los datos y haga un plan: por qué todos vivimos en Santa Fe, Nuevo México

La historia de Ana

Cuando Ana murió después de haber estado bajo custodia del estado tantas veces, el Departamento de Bienestar Infantil llevó adelante algo denominado Revisión de Mortalidad Infantil. Esta revisión fue diseñada para comprender mejor qué salió mal y cómo arreglarlo. Pero para que estos procesos post-mortem sean de real ayuda, necesitan desarrollarse más. Siempre se puede hacer algo para evitar que este tipo de fatalidades ocurran aún cuando estén vinculadas al gobierno estatal o local tal como está organizado actualmente. Un informe de circulación nacional con recomendaciones claras basadas en evidencias para nuevos protocolos, reglas y programas, contribuiría enormemente, en particular debido a que tendría la atención del frenesí de los medios que rodea la muerte de un niño. La historia de Ana no tiene por qué repetirse, si aprendemos de ella.

SANTA FE, NUEVO MÉXICO es una de esas ciudades que lo hace jugar con un agradable conjunto de reglas. Por una parte el trazado de las calles no es cuadrangular y las carreteras tienden a serpentear como lo hacen en Londres. Los edificios de estilo adobe se ven muy diferentes a lo que uno está acostumbrado en otras partes de los Estados Unidos. La comida nuevomexicana es diferente - tiene más color, más especias y, probablemente, haya una pintura en la pared del restaurante con un azul profundo y un toque de rojo brillante que no se ve muy a menudo. Muchos de los semáforos son, por alguna razón, horizontales en lugar de verticales. El clima es seco y hay un atmósfera rústica. Es acogedora y, al mismo tiempo, no se parece en absoluto al lugar de donde uno proviene, sin embargo, todo el mundo habla inglés y acepta la moneda estadounidense por lo que es el lugar ideal para depositar parte de su presupuesto de viaje ganado con esfuerzo. Y hasta la llaman la "Ciudad Diferente". Es lo que es y simplemente uno tiene que lidiar con ella pero por suerte a uno no le importa. Usted visita, experimenta vivencias particulares, sale de su rutina, mientras permanece en su zona de confort y luego parte aferrándose a una hermosa pieza de arte sintiéndose bastante satisfecho y listo para recomendar el lugar a sus amigos.

Aquellos de nosotros que vivimos en Santa Fe estamos acostumbrados a llevar a los huéspedes alrededor de la ciudad y observar en ellos este alegre ciclo de maravilla, deleite y satisfacción. Es una diversión sublime, especialmente en una de esas frescas tardes de verano cuando el sol rebota en las montañas de Sangre de Cristo y el aire todavía tiene la frescura de una tormenta vespertina. Los residentes, ya sea que sus raíces se remonten a los tiempos anteriores a los colonos españoles o a un vuelo de Southwest Airlines en el año 2014, tienen un inusual cariñoso orgullo por su lugar.

Este lado de Santa Fe es real, no es algo que sólo inventamos para los turistas. Nosotros mismos tenemos experiencias como estas, aún después de que usted se vaya para el aeropuerto. Sin embargo, también sabemos que hay más que eso. Hay otra parte de la ciudad donde no llevamos a nuestros visitantes.

En las sombras de las hermosas iglesias de Santa Fe, bajo esos impresionantes panoramas montañosos, tienen lugar diariamente acciones arbitrarias de adversidades para los niños, y por miles. A poca distancia de los grandes restaurantes de la ciudad, hay casos de negligencia y abuso que pasan desapercibidos. Los asesinatos ocasionales de niños son sólo la punta de la lanza: horribles, por cierto, pero no llegaron allí por sí mismos. El resto de la lanza es una tasa de pobreza infantil del 30 por ciento, la más alta de la nación; alrededor del 60 por ciento de los niños de Nuevo México no van al preescolar y el 41 por ciento de nuestros niños viven en familias monoparentales. No es una coincidencia que el estado sea también un caso económico perdido a pesar del dinámico negocio turístico de Santa Fe y la existencia de una pequeña porción de petróleo en la cuenca del Pérmico al sureste.

Inmunidad a los datos

Pero son noticias antiguas. Siempre que la investigación sobre "Los niños cuentan" de la Fundación Annie E. Casey revela, una vez más, que el estado de Nuevo México está en el 49° lugar del país como el estado más inseguro para ser niño, levantamos los ojos al cielo y decimos: "Al menos este año no estamos en el 50° lugar". Los cínicos que ya vieron esta película añaden que nuestros brillantes líderes harán todo lo posible para arrebatarle la corona a Mississippi el próximo año.

Sea que usted forme parte del público en general o sea un recalcitrante fanático por los datos, está acostumbrado a ver este tipo de cosas. Nuestros medios de comunicación, después de todo, hacen el responsable trabajo de publicar las estadísticas con regularidad. Si como electorado no lo notamos, seguramente habremos prestado atención a una campaña publicitaria televisiva del 2016 en la que una organización de salud católica satirizó hábilmente las campañas publicitarias de turismo estatal mientras resaltaba las pésimas estadísticas. "Esto es Nuevo México -decía un narrador agradable mientras se veían preciosas vistas panorámicas en la pantalla, "donde celebramos nuestra singular cocina mientras mientras miramos hacia otro lado cuando vemos niños hambrientos".

Otra vieja noticia es que nuestras instituciones no parecen entender que podríamos lograr una reducción significativa en algunas de estas cifras con las herramientas adecuadas. Hace un tiempo, trabajamos justo al lado de la Unidad contra la Violencia Doméstica del sistema de bienestar infantil del estado y hablamos con ellos acerca de cómo utilizar para un fin útil la valiosa información de que disponían. Se podría aprender mucho del uso que las personas que concurren a los refugios por violencia doméstica hacían de servicios como salud mental, recuperación, capacitación laboral y mucho más. ¿Cuánto tiempo permanecen en los refugios y con qué frecuencia regresan? También pedimos recopilar datos para saber cuál es el índice de éxito de los grupos de ayuda con quienes cometieron delitos de violencia doméstica.

Sus datos podrían ser utilizados para averiguar qué está funcionando y qué no, lo que nos permitiría dedicar los esfuerzos más a un aspecto que a otro. Eso se traduciría en menos violencia, en una infancia más feliz, más productividad económica y una mejor calidad de vida para todos, lo que ciertamente ayudaría el trabajo de esos días estresantes en la oficina.

No sería así. "Ese sistema de datos es sólo para fines de facturación, no para el análisis de datos", dijo la supervisora de la Unidad de Violencia Doméstica. Le contestamos que "Sí, pero usted está sentada encima de datos increíblemente importantes". Ella no estuvo de acuerdo y a partir de ahí, todo empeoró.

Una ciudad de extremos

Estamos cansados pero no estamos solos. Cada estado tiene ciudades agradables como Santa Fe que también cuentan con lugares difíciles donde usted no querría crecer. Y no estamos solos cuando se trata de gobiernos desventurados que parecen pensar que su misión en la vida no es resolver problemas reales, sino evitar que los empleados compren demasiados sujetapapeles. El objetivo parece ser dar la impresión superficial de que hay un organismo en funcionamiento. Casi nadie vive en una comunidad que tenga un plan integral para tratar el trauma infantil. No importa dónde su estado aparezca en esas listas de bienestar infantil, usted tiene los mismos problemas. Nuestro caso es probablemente extremo pero, en muchos sentidos, usted también vive en Santa Fe.

Muchos dirán que no podemos evitar las Experiencias Infantiles Adversas: aquí le decimos por qué se equivocan

Hemos discutido muchos problemas en este libro: burocracia atrincherada, falta de compromiso con una planificación y acción en base a datos y un público apático que cae en paracaídas en la conversación sólo cuando hay un desastre mayor y por el tiempo suficiente como para etiquetar a unas pocas personas como monstruos.

Los problemas que enfrentamos al llegar a esa ciudad brillante en la colina que hemos descrito en estas páginas no son fáciles de superar. Son difíciles de conceptualizar, difíciles de explicar y, a menudo, son costosos para resolver, al menos a corto plazo. Ese puente elevado nuevo alivia la congestión del tráfico justo inmediatamente después de la inauguración y es divertido construir y mirar. Pero un impulso multidimensional hacia la mejora de las vidas de los niños mediante la reducción de daños no es tan satisfactorio. Para la mayoría de los observadores externos, un trabajador social con un número adecuado de casos que es capaz de ayudar a la gente se ve casi igual que un trabajador social con un número de casos excesivo que no puede ayudar a la gente. Los nuevos puentes son mucho más interesantes que nuevos procedimientos para derivar a los niños a psicólogos.

El cambio nunca es fácil. Viene en etapas que consumen mucho tiempo y suele implicar dar pasos hacia atrás. Los organismos sociales llamados humanos individuales operan de una manera y los organismos sociales llamados escuelas, expertos en salud conductual y legislaturas tienen también sus propias y singulares formas de actuación. Las soluciones a todos los problemas ilustrados en este libro se esconden a vista de todos pero, con un poco de esfuerzo, podemos verlos y resolverlos.

Nos consuela saber que al fin y al cabo, no hay duda de que se pueda hacer. Esto no es el lanzamiento de una nave espacial a la luna ni la Segunda Guerra Mundial, ni una inmensa incertidumbre en la que debamos sumergirnos. Sabemos lo que funciona y sabemos que para llegar allí hace falta sólo una larga serie de ajustes de procedimiento, algunos ajustes presupuestarios y unas reformas profundas más. Ni siquiera sería tan caro (y de hecho podría ahorrar dinero, por no hablar de décadas de dolor emocional colectivo) y seguramente promoverá una mejor calidad de vida.

Construimos un sistema educativo que lleva a los alumnos a 12 años de educación y no hay razón por la que no podamos añadir un par más al principio y luego añadir un centro de bienestar que pueda tratar el trauma emocional, atender una distensión muscular y brindar control de la natalidad. Si logramos que los autobuses funcionen a horario y de manera transparente, podemos hacer lo mismo con los departamentos de bienestar infantil, los departamentos de salud pública y los sistemas educativos. Ya tenemos equipos de enfermeras en hospitales y clínicas y no hay razón para que no lleguen a las casas de los recién nacidos también.

Cuando todos nos comprometamos a erradicar las Experiencias Infantiles Adversas, terminaremos con este eterno trauma. Escribimos este libro para el público en general porque necesita saber lo que está pasando y tiene que canalizar su indignación de manera que presione a todas las instituciones que pagamos de modo que finalizar con el trauma sea una prioridad. Pero también escribimos este libro para las personas que trabajan en esas instituciones y esperamos que pueda servir como un plan de donde se retome esta lucha en el futuro. Mientras los medios de comunicación, los legisladores y la mayoría de la gente permanecen en silencio, usted ya dispone de todo lo necesario para comenzar a planear el lanzamiento de una empresa socialmente comprometida con un cartel que diga, simplemente, la adversidad infantil y el maltrato terminan aquí. Pregúntenos cómo se hace.

Capítulo Diez

Se prefiere con experiencia en ser valiente (pero no es indispensable)

HAN OCURRIDO MUCHAS COSAS desde que hace muchas lunas empezamos el proyecto de este libro. Tenemos nuevos puestos de trabajo, nuevas bases de operaciones y un plan mucho más claro sobre cómo hacer las cosas. También contamos con un mayor optimismo, aunque como siempre, moderado con cautela.

Creemos que si un insignificante cuarto de los lectores de este libro respondiera a nuestros llamamientos a la acción, pronto veríamos dos importantes perturbaciones en las actividades habituales.

Primero, empezaríamos a ver invitaciones por correo electrónico a manifestaciones frente a municipios, oficinas de condado y Casas de Gobierno. Veríamos sitios web que exigen una acción real, videos de Youtube compartiendo historias sobre los costos emocionales del trauma, reuniones semanales de nuevas alianzas y activistas con ideas afines reclamando que el gobierno local, las fundaciones y las organizaciones sin fines de lucro financien y se comprometan con el trabajo de prevención de Experiencias Infantiles Adversas (EIA) a largo plazo, integral, sistémico y basado en datos.

En segundo lugar, el trabajo dentro de los organismos haría algunas correcciones drásticas: las actividades se ajustarían a la misión (para variar), pasando por encima las disfunciones burocráticas. Todos podemos estar de acuerdo en ayudar a los niños, pero acabar con las EIA es la manera de hacerlo. Esto se traduciría en que en todos los organismos gubernamentales de servicios a las familias, se aplicarían estrategias basadas en evidencias para producir resultados mensurables y significativos. Las reformas estarían garantizadas por un activismo implacable en las reuniones de la ciudad en los municipios y en línea.

Lo más importante para usted, nuestro lector, es que los sistemas locales se pongan en marcha para proteger a sus hijos, a los hijos de su hermana y a los hijos de su vecino. Igualmente de importante es que los niños y las familias que vivan en ese otro lado de la ciudad con menos recursos se beneficiarían de las mismas salvaguardias que sus propios hijos.

En unos años, los puntos que representan nuevos proyectos de prevención de EIA iluminarían un mapa en su tableta, en una orgullosa documentación de la Red Nacional de Prevención de EIA trabajando en coordinación con una sólida red de salud mental y un sistema de bienestar infantil revitalizado.

Sólo una cosa impide que esto suceda: Nosotros. Nosotros, los escritores y lectores de este libro, somos solo un ingrediente vital para una receta de prevención de EIA integral, local y basada en datos. Pedimos que las personas de todos los ámbitos de la vida, que son activistas fuera del sistema o que trabajan dentro de él, den un paso adelante y hagan lo que es justo.

Su rol

No subestimamos el costo de la valentía ante la autocomplacencia, la incompetencia y la corrupción. Tener que cuestionar a un jefe o a un alcalde no es algo que alguien anhele hacer. Nosotros no lo hicimos. El cambio requiere que nos arriesguemos y que altere nuestra existencia. Esto significa invertir en tardes y fines de semana para formar y dirigir un grupo de defensa local. Significa romper las cadenas de mando en el trabajo y eludir a un gerente obstruccionista para llegar a una persona más razonable entre los directivos. Podría significar dejar un trabajo para empezar otro donde sus esfuerzos puedan ser más impactantes. O puede que se encuentre mudándose a otra ciudad para liderar un nuevo esfuerzo, si se abre la oportunidad de trabajar hacia resultados medibles. Podría significar el uso de tecnología para exponer prácticas no éticas o ilegales en el gobierno y en la gestión sin fines de lucro. Es más que probable que signifique una buena denuncia de irregularidades a la antigua.

Para nosotros, significó trabajar durante muchos años en la experimentación de nuevas formas de usar datos y tecnología para resolver problemas considerados como irresolubles en los sistemas de bienestar infantil y, documentar el proceso sobre cómo hacerlo en este libro que usted tiene en sus manos.

La buena noticia es que el trabajo para abordar las causas fundamentales de las Experiencias Infantiles Adversas está en marcha y usted está invitado a unirse. La recompensa es nada más y nada menos que una nación donde cada niño esté seguro, saludable y fuerte y, que todos los padres, si es necesario, tengan acceso a una atención basada en trauma. Cuando comprometamos nuestra capacidad intelectual, pasión, voluntad política y experiencia tecnológica con un objetivo alcanzable, cada ciudad verá el final de lo que una vez se consideró un problema que nunca podría ser resuelto. Algún día celebraremos el final de un trauma interminable y usted podrá compartir con los niños en su vida su rol en tan noble logro.

APÉNDICE I

PREGUNTAS PARA FORMULAR y REFLEXIONAR

Las siguientes preguntas pueden servir de catalizadores para grupos de estudio de trabajo o reuniones de lectura de libros. Recomendamos tomar un capítulo por semana o mes y explorar actitudes, ideas y pasos para llegar a soluciones significativas, ya sea dentro de una institución de bienestar infantil o salud pública, una organización sin fines de lucro con fondos para el desarrollo juvenil, el personal de la oficina del alcalde o una compañía de software con un grupo de diseñadores socialmente comprometidos.

CAPÍTULO UNO: Cómodamente insensibles

- ¿Qué tan insensibles somos a las noticias sobre traumas y fatalidades infantiles?

- ¿Qué podemos hacer para reducir la influencia insensibilizadora de los medios de comunicación en todas nuestras pantallas?

- ¿Quién está trabajando en la defensa de la seguridad y la salud infantil y las familias en su comunidad?

CAPÍTULO DOS: Una epidemia que preferimos no ver

- ¿En que se asemejan las Experiencias Infantiles Adversas y un virus? ¿En qué se diferencian?

- ¿Por qué algunas personas pueden hacer caso omiso de las adversidades en la infancia como que "no es gran cosa" mientras que otros están traumatizados por eso?

- ¿Cuáles son los costos financieros del trauma infantil que se pueden observar en su vida cotidiana?

CAPÍTULO TRES: Software, cáscaras de huevo y campos minados: ilustración de un problema en toda su desgracia

- ¿Qué opina de la encuesta sobre Experiencias Infantiles Adversas? ¿Alguna vez la completó o escuchó hablar de ella?

- ¿Piensa que sería útil que todos los estudiantes de escuela primaria y secundaria compilaran la encuesta sobre EIA? ¿Por qué sí o por qué no?

- ¿Cómo podría ser útil comparar las puntuaciones de EIA de alumnos de escuela secundaria con una muestra aleatoria de adultos en todo su estado?

CAPÍTULO CUATRO: Nuestra herencia de horrores: las complejas, caóticas e invisibles causas profundas del trauma

- ¿En qué se diferencia hacer una lluvia de ideas sobre las causas del mal café en una oficina de hacer lo mismo sobre las principales causas de las EIA?

- Si una de las causas fundamentales de las EIA son los problemas de salud mental no tratados, ¿qué datos e investigaciones narran una historia sobre la disponibilidad de los servicios de salud mental de su condado? (Para niños y padres.)

- ¿Cómo cree que se relacionan las normas comunitarias con la forma en que los padres pueden tratar a sus hijos?

- ¿Cuáles cree que son las causas profundas del trauma infantil en su comunidad?

CAPÍTULO CINCO: Un bebé, una habitación de motel y una pila de agujas: cómo programamos una institución vital para el fracaso

- ¿Qué sabe usted sobre la oficina local de bienestar infantil?

- ¿Dónde se puede acceder fácilmente a los datos locales sobre el maltrato?

- ¿Tiene su oficina de bienestar infantil estatal o local un sólido departamento de calidad y planificación con capacidad para promover un marco y un proceso como la mejora continua de la calidad?

- ¿Las personas que trabajan en la prevención de las EIA se ven a sí mismas de manera diferente de las que trabajan en el bienestar infantil para prevenir maltratos? En caso afirmativo, ¿cómo?

CAPÍTULO SEIS: El tanque de combustible del trauma: La continua crisis en la atención de salud mental

- ¿Cuáles son los desafíos para proporcionar atención de salud conductual a los niños y las familias?

- ¿Cuáles son los beneficios de proveer atención de salud conductual localizada en el entorno escolar?

- ¿Cuáles son las actitudes sobre concurrir a psicoterapia en sus comunidades? ¿Hay algún estigma sobre conversar con un terapista sobre un problema relacionado con un trauma ?

- ¿Cómo podemos promover mejor los beneficios del cuidado de la salud mental y el tratamiento de EIA?

CAPÍTULO SIETE: Por ser Estados Unidos: ¿Por qué su código postal no debería determinar su destino?

- ¿Cuáles son los beneficios de las visitas domiciliarias para los padres en su comunidad y en su condado?

- ¿Cuáles son los beneficios de los programas para la primera infancia? ¿Cuáles son los retos para acceder a estos programas?

- ¿Cuáles son los beneficios de disponer de tutores para jóvenes? ¿Qué estrategias se utilizan para inscribir tutores?

- ¿Cómo pueden las organizaciones que sirven a las familias convertirse en organizaciones intersectoriales, que se basen en datos para actuar y que adopten un enfoque sistemático para la prevención del trauma infantil?

- ¿Qué grupos están abordando el trabajo a largo plazo de crear acceso a vivienda segura, atención médica y dental, transporte, formación laboral y escuelas sensibles a las necesidades de las familias?

CAPÍTULO OCHO: Hay una app para eso (quizás): niños saludables y las promesas y peligros de la tecnología

- ¿Cuáles serían los beneficios de una aplicación o un sitio web que publicara información sobre los servicios centrados en la familia disponibles en su área?

- ¿Cuáles son los beneficios de disponer de servicios evaluados por los usuarios? (en la manera en que la gente valora los hoteles en Trip Advisor)

- ¿Cuáles son los beneficios de crear un entorno online que informe si las necesidades de nuestras familias más vulnerables están siendo satisfechas?

- ¿Cómo se puede acceder fácilmente a los datos y a las investigaciones online relacionados con las EIA y el maltrato?

- ¿Cómo se inicia o se fortalece una organización para garantizar que abordemos los factores de riesgo en nuestras comunidades más vulnerables?

CAPÍTULO NUEVE: Obtenga los datos y haga un plan: por qué todos vivimos en Santa Fe, Nuevo México

- ¿Qué se necesita para fortalecer un trabajo de prevención de EIA y un trabajo de promoción de la resiliencia?

- ¿Cómo funciona la prevención actual de EIA basada en datos, intersectorial y sistémica? ¿Cómo la reforzamos?

- ¿Qué se puede hacer para garantizar que cada estado disponga de personal dedicado al tema y de recursos para implementar la prevención del trauma infantil y el maltrato basada en datos?

- ¿Cómo se puede formar a las personas en la mejora continua de calidad en su lugar de trabajo?

- ¿Cómo utilizamos los datos para confrontar los sistemas disfuncionales?

- ¿Qué se puede hacer sobre la falta del sentido de urgencia para abordar el trauma infantil y el maltrato?

- ¿Por qué algunas personas y agencias temen usar datos?

CAPÍTULO DIEZ: Se prefiere con experiencia en ser valiente (pero no es indispensable)

- ¿Por qué se necesita valentía para trabajar en la prevención de las EIA?

- ¿Qué otros grandes problemas sociales requieren valentía y riesgo para ser resueltos?

- ¿Hay algún problema social que usted vea como resuelto que pueda servir como modelo para abordar las EIA?

- ¿Cuál es su rol para acabar con la epidemia de trauma y maltrato infantil?

APÉNDICE II

ENCUESTA SOBRE LA EXPERIENCIA COMUNITARIA RESILIENTE

¿Cómo califica los siguientes servicios en su comunidad? El término "accesible" significa posible de pagar y que no es difícil alcanzar y que tampoco está sujeto a largas listas de espera.

1. **Servicios de atención de salud mental para proporcionar terapeutas con quien hablar sobre problemas emocionales, tratar la depresión y problemas de salud mental sin tratamiento y abordar experiencias adversas y traumas de la infancia**

   Muy accesible / Accesible / No muy accesible / No accesible / No sé

2. **Atención médica y dental para mejorar la salud, la resistencia y la longevidad**

   Muy accesible / Accesible / No muy accesible / No accesible / No sé

3. **Programas de vivienda para prevenir la falta de casas y proporcionar un lugar seguro si una casa es insegura**

   Muy accesible / Accesible / No muy accesible / No accesible / No sé

4. **Bancos alimentarios y programas para reducir el hambre**

   Muy accesible / Accesible / No muy accesible / No accesible / No sé

5. **Transporte público que garantice a los residentes el acceso a servicios sociales vitales, trabajo o escuela**

   Muy accesible / Accesible / No muy accesible / No accesible / No sé

6. **Capacitación laboral para facilitar el acceso a empleos con salarios dignos**

   Muy accesible / Accesible / No muy accesible / No accesible / No sé

7. **Programas para la primera infancia que fortalezcan la estimulación temprana**

   Muy accesible / Accesible / No muy accesible / No accesible / No sé

8. **Escuelas sensibles a las necesidades de la familia. (Escuelas que ofrecen apoyo escolar, tutorías, apoyo familiar y servicios sociales y de salud, antes, durante y después del horario escolar, los fines de semana y durante las vacaciones de verano. También ofrecen servicios de asesoramiento y pueden detectar traumas emocionales y problemas de salud mental en los alumnos y sus familiares o pueden derivarlos a centros locales de salud conductual.)**

Muy accesible / Accesible / No muy accesible / No accesible / No sé

9. **Apoyo a los padres incluyendo programas de visitas domiciliarias y programas de descanso para fortalecer a las familias y reducir la posibilidad de lesiones, traumas o malos tratos en la infancia**

Muy accesible / Accesible / No muy accesible / No accesible / No sé

10. **Tutores para jóvenes que proporcionen modelos sólidos y apoyen a todos los niños y niñas**

Muy accesible / Accesible / No muy accesible / No accesible / No sé

NOTAS FINALES

Capítulo Dos

Definiciones de trauma: La American Psychological Association define el trauma del siguiente modo: El trauma es una respuesta emocional a un evento terrible como un accidente, una violación o un desastre natural. Inmediatamente después del evento, el shock y la negación son típicos. Las reacciones a largo plazo incluyen emociones impredecibles, flashbacks, relaciones tensas e incluso síntomas físicos como dolores de cabeza o náuseas. Aunque estos sentimientos sean normales, algunas personas tienen dificultad para seguir adelante con sus vidas. Los psicólogos pueden ayudar a estas personas a encontrar formas constructivas de manejar sus emociones. http://www.apa.org/topics/trauma

Efectos del trauma: Los encuestados que indicaron que habían sido abusados cuando eran niños reportaron relaciones de niños y de adultos menos seguras que sus contrapartes hiper-abusadas. También estaban más deprimidos y con tendencia a involucrarse en comportamientos destructivos en situaciones de conflicto. http://www.sciencedirect.com/science/article/pii/S0145213497000628

Efectos del trauma en la salud corporal: http://journals.lww.com/psychosomaticmedicine/Abstract/2009/10000/A_Meta_Analytic_Review_of_the_Effects_of_Childhood.1.aspx

Encuesta general de Experiencias Infantiles Adversas (ACEs, por sus siglas en inglés): https://www.samhsa.gov/capt/ practicing- effective-prevention/prevention-behavioral-health/adverse- childhood-experiences

Principales resultados de la encuesta de EIA: A medida que aumenta el número de EIA, también aumentan los siguientes aspectos: alcoholismo y abuso de alcohol, enfermedad pulmonar obstructiva crónica, depresión, muerte fetal, calidad de vida relacionada con la salud, uso ilícito de drogas, cardiopatía isquémica, enfermedades hepáticas, pobre desempeño laboral, estrés financiero, riesgo de violencia en la pareja, múltiples parejas sexuales, enfermedades de

transmisión sexual, tabaquismo, intentos de suicidio, embarazos no deseados, inicio precoz del tabaquismo, inicio precoz de la actividad sexual, embarazo adolescente, riesgo de violencia sexual y bajo rendimiento académico, por nombrar sólo algunos.
https://www.cdc.gov/violenceprevention/acestudy/

Trauma y encarcelamiento:
http://www.journalofjuvjustice.org/JOJJ0302/article01.htm

Trauma y salud:
https://www.ncbi.nlm.nih.gov/pmc/articles/PMC4617302/PMC4617 302

Costos financieros del trauma infantil:
https://www.cdc.gov/violenceprevention/childmaltreatment/economi ccost.html

Error fundamental de atribución: Manual de Psicología Social. Editado por John Delamater https://aae.how/303

Capítulo Tres

Datos censales: https://www.census.gov/data.html

Encuesta general de Experiencias Infantiles Adversas (ACEs, por sus siglas en inglés):
https://www.cdc.gov/violenceprevention/acestudy/about.html

Estadísticas sobre abusos sexuales:
https://www.acf.hhs.gov/sites/default/files/cb/CM2015.pdf#page=29 Y https://www.cdc.gov/violen ceprevention/acestudy/

Efectos del trauma: http://www.sciencedirect.com/science/article/pii/ S0145213403002138

Negligencia infantil:
https://www.acf.hhs.gov/sites/default/files/cb/CM2 015.pdf#page=29

Inseguridad alimentaria: https://www.ers.usda.gov/topics/food-nutrition- assistance/food-security-in-us/key-statistics-graphics.aspx#children

Definiciones de negligencia y abuso físico:
https://www.childwelfare.gov/pubPDFs/define.pdf#page=2&view=

Problemas de salud mental: http://psycnet.apa.org/journals/bul/
108/1/50/

Estadísticas del estado sobre EIA:
https://www.cdc.gov/mmwr/preview/mmwrht ml/mm5949a1.htm

Capítulo Cuatro

Embarazo adolescente:
https://www.cdc.gov/teenpregnancy/about/ind ex.htm

Costos del embarazo adolescente:
http://thenationalcampaign.org/why-it- matters/public-cost

Suecia: https://www.usnews.com/news/best-countries/sweden

Utah: https://www.bloomberg.com/view/articles/2017-0328/How-
utah keeps-the-american-dream-alive

Historia del bienestar infantil: http://www.newyorker.com/magazine/
2016/02/01/baby-doe

Capítulo Cinco

Cantidad de casos: http://www.cwla.org/wp-content/uploads/2014
/05/ Directserviceweb.pdf

Directrices sobre permanencia:
https://www.acf.hhs.gov/sites/default/files/cb/combined_fr_documen
t_may\2015.pdf

Edades en los hogares de acogida:
http://www.ncsl.org/research/humanservices/e xtending-foster-care-
to-18.aspx#50-State Chart

Departamentos de bienestar infantil y prevención: https://fas.org/sg.
p/crs/misc/R43458.p

Estadísticas de maltrato: https://jamanetwork.com/journals/jama
pediatrics/fullarticle/1876686

Capítulo Seis

Costo de encarcelamiento:
https://www.bjs.gov/content/pub/pdf/spe01.pdf El costo medio anual
de funcionamiento por recluso en el estado en el año 2001 era de
U$22.650 o U$62,05 por día.

Salarios de las personas con estudios completos en la escuela secundaria: https://www.census.gov/prod/2002pubs/p23-210.pdf

Profesionales de la salud conductual: https://www.samhsa.gov/samhsaNewsLetter/Volume_22_Number_4 /building_the_beha vioral_health_workforce/

Salud mental y productividad económica: https://www.nami.org/Learn-More/Mental-Health-By-the-Numbers

Capítulo Siete

Visita domiciliaria: https://homvee.acf.hhs.gov/Outcome/2/Reduc tions-in-Child-Maltreatment/4/1 y http://childandlyresea rch.org/publications/top5benefits-of-home-visiting/ y https:// ncfy.ac.The_role_of_Home-Visiting_programs.pdf and https://www.ncbi.nlm.nih.gov/pmc/artículos/PMC5280088/

Uso de palabras en niños pequeños: http://news.stanford.edu/news/2014/febrero/fernald-AAAS-children-021414.html

ACERCA DE LOS AUTORES

Dra. Katherine Ortega Courtney

La Dra. Courtney es una defensora del fortalecimiento de la mejora continua de calidad en las organizaciones que sirven a las familias para crear un sistema de salud y seguridad sin fisuras en los condados, desde la atención de salud hasta el transporte. Ella fomenta un proceso de creación de capacidades en los condados basado en datos, intersectorial y potenciado por la tecnología. Es coautora -con Dominic Cappello- de *100% Community: Ensuring 10 Vital Services for Surviving and Thriving*, una publicación para guiar el liderazgo local, en cada estado y condado, en el diseño de pueblos y ciudades con suficientes recursos donde los servicios vitales -tal como la atención de la salud, entre los diez servicios para sobrevivir y prosperar- respondan a las necesidades de todas las familias y los miembros de la comunidad. Asimismo, Courtney y Cappello son coautores de *Anna, Age Eight: The data-driven prevention of childhood trauma and maltreatment* que sirve como llamado a la acción -largamente pospuesto- a cada estado para poner fin a las experiencias infantiles adversas (EIA o ACE por sus siglas en inglés), al trauma, a la adversidad social y a las desigualdades en salud. La Dra. Courtney obtuvo su Doctorado en Psicología Experimental en la Texas Christian University en cuyo Institute of Behavioral Research radicó sus estudios. La Dra. Courtney trabajó con el Estado de Nuevo México durante ocho años, primero en la Juvenile Justice Epidemiologist y luego como Jefa de la Oficina de Child Protective Services Research, Assessment and Data Bureau. La Dra. Courtney abogó y participó en el desarrollo del programa New Mexico Data Leaders for Child Welfare que fue implementado en la Ciudad de New York, Connecticut y Pennsylvania. Ha trabajado en políticas y en investigación y ha liderado iniciativas comunitarias a través de su trabajo en Santa Fe Community y New Mexico Early Childhood Development Partnership.

Dominic Cappello

Cappello es uno de los autores más exitosos según el New York Times, con décadas de experiencia en la defensa de la salud pública, la seguridad y los sistemas de atención. Como defensor de la mejora continua de la calidad en el sector público, promueve un proceso de creación de capacidades en los condados basado en datos, intersectorial y potenciado por la tecnología. Cappello ha publicado en coautoría con la Dra. Ortega Courtney *100% Community: Ensuring 10 Vital Services for Surviving and Thriving*: un trabajo para guiar el liderazgo local, en cada estado y condado, en el diseño de pueblos y ciudades con suficientes recursos donde los servicios vitales -tal como la atención de la salud, entre los diez servicios para sobrevivir y prosperar- respondan a las necesidades de todas las familias y los miembros de la comunidad. Cappello y Courtney también son coautores de *Anna, Age Eight: The data-driven prevention of childhood trauma and maltreatment* que sirve como un urgente llamado a la acción a cada estado para terminar con las experiencias infantiles adversas (EIA o ACE por sus siglas en inglés), el trauma, la adversidad social y las desigualdades en salud. Cappello trabajó para el New Mexico Department of Health Epidemiology and Response Division y el New Mexico Child Protective Services Research, Assessment and Data Bureau donde participó en el desarrollo del programa Data Leader for Child Welfare que él implementó en la Ciudad de New York, Connecticut, Nuevo México y Pennsylvania. Posee un Máster en Artes Liberales con énfasis en Lengua y Comunicación de la Regis University. Es el creador de la serie de libros "Ten Talks" sobre salud y seguridad familiar que obtuvo audiencia nacional cuando fue entrevistado sobre su trabajo en el Oprah Winfrey Show. También fue el curador de la primera conferencia pública de TEDx de Santa Fe para exponer soluciones tecnológicas y socialmente comprometidas a todos nuestros retos de salud pública y seguridad.

Ortega y Cappello son los coautores del libro "100% Community: Ensuring 10 Vital Services for Surviving and Thriving".

Conéctese con nosotros: Para mayor información sobre nuestro trabajo en el Programa de Líderes de Datos para el Bienestar Infantil y el Programa de Líderes de Resiliencia para la Prevención de Experiencias Infantiles Adversas y Trauma, por favor visite www.AnnaAgeEight.org o www.TenVitalServices.org.